D1687765

Haase

AUCTORITAS

ETHICA HUMANA
OPUS 96/2000

Verantwortung	Naturparadies	Regenwälder
Responsabilità	Natura Paradiso	Foreste Pluviali
Responsabilité	Paradis naturel	Forêts tropicales
Responsability	Natural Paradise	Rain Forests

European Edition for the Preservation of
Values at the Turn of the Millenium

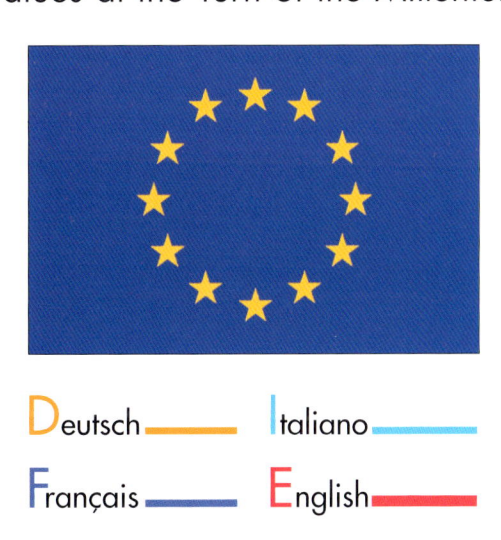

Deutsch   Italiano

Français   English

Carl-W. Röhrig: The Rain Forest (1994)

AUCTORITAS

ETHICA HUMANA
OPUS 96/2000

Photographic illustrations
by Günter Ziesler

Verantwortung
Responsabilità
Responsabilité
Responsability

Einem verantwortungsvollen Menschen gewidmet
Dedicato ad una persona con grande senso di responsabilità
Dédié à l'homme responsable
Dedicated to a responsible person

Zum Geleit

Die Liebe zur Natur speist sich aus verschiedenen Wurzeln.

Sie wird heute auch durch die Einsicht vertieft, daß es sich beim Leben um ein erstaunliches, einmaliges Phänomen handelt, und daß wir selbst nur in einer gesunden Lebensgemeinschaft gedeihen können.

Dazu mag ferner das Bewußtsein beitragen, daß wir ungezählten Generationen unserer Vorfahren ein kulturelles Erbe verdanken, auf dem wir weiter aufbauen, ein Bewußtsein, das uns eine moralische Verpflichtung auferlegt: die Verpflichtung, so zu handeln, daß auch künftige Generationen Lebensglück erfahren.

Aber erst wenn wir unsere exploitative Natur – unsere Vorprogrammiertheit auf den Wettlauf im Jetzt – erkennen, werden wir in der Lage sein, sie den gebotenen Erfordernissen anzupassen und ein generationsübergreifendes Überlebensethos zu entwickeln. Nur die Einsicht in unsere Schwächen erlaubt es, sie in Stärken umzumünzen.

Prof. Dr. phil. Dr. h.c. Irenäus Eibl-Eibesfeldt
Biologe, Verhaltensforscher und Begründer der Humanethologie

Introduzione

L'amore per la natura si nutre di diverse radici. Esso oggi si approfondisce anche con la convinzione che la vita è un fenomeno unico e straordinario e che noi stessi possiamo prosperare solo in una sana simbiosi. A questo può contribuire anche la consapevolezza che deriviamo la nostra eredità culturale, sulla quale dobbiamo continuare a costruire, da innumerevoli generazioni di antenati, e questa consapevolezza ci assegna un obbligo morale: l'obbligo di comportarci in modo che anche le generazioni future possano godere della felicità di vivere. Ma solo se riconosciamo la nostra natura opportunistica – la nostra pre-programmazione alla corsa nell'Adesso – avremo la possibilità di adattarci alle necessità che ci si presentano e di sviluppare un'etica della sopravvivenza che si estenda nel corso delle generazioni. Solo la consapevolezza delle nostre debolezze consente di trasformarle in punti di forza.

Prof. Dott. Filos. Dott. Honoris Causa
Irenäus Eibl-Eibesfeldt
Biologo, etologo e fondatore dell'etologia umana.

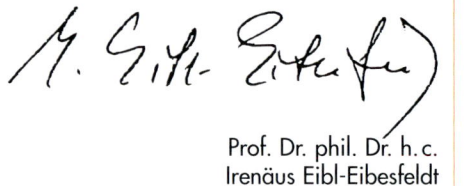

Avant-propos

L'amour de la nature se nourrit de motivations diverses.

De nos jours, cette ferveur est entre autres confortée par la prise de conscience que la vie constitue un phénomène incomparable et unique et que nous ne pouvons nous-mêmes prospérer que dans un cadre de vie sain.

Entre autres facteurs y contribue aussi, probablement, la prise de conscience que nous devons aux innombrables générations de nos ancêtres un héritage culturel sur lequel nous pouvons continuer de construire, et c'est là une constatation qui nous dicte un devoir moral : l'obligation de faire en sorte que les générations futures puissent elles aussi connaître le bonheur.

Mais ce n'est que si nous prenons conscience de notre propension naturelle à l'exploitation de la nature – du fait que nous sommes programmés pour la concurrence dans le présent –, que nous serons en mesure de l'adapter aux exigences et de mettre au point une éthique de survie qui prenne en compte les générations à venir. C'est uniquement en prenant conscience de nos points faibles que nous pourrons les transformer en points forts.

Prof. Dr. Phil. Dr. h.c. Irenäus Eibl-Eibesfeldt
Biologiste, éthologiste et fondateur de l'éthologie humaine

Preface

Love of nature draws its nourishment from different roots.

Today it is also intensified through the insight that life is one amazing, unique phenomenon and that we ourselves can only prosper in a healthy community.

A further contributing factor is our awareness that we owe our cultural heritage to countless generations of our ancestors before us, a heritage on which we continue to build, and this awareness imposes on us a moral obligation: the obligation to act in such a way that the coming generations can also participate in this happiness.

However, it is only when we recognize our exploitative nature – our pre-programmed tendency to compete in the here and now – that we will be in a position to adapt to the necessary requirements and develop an ethos of survival. Only the insight into our weaknesses will enable us to transform them into strengths.

Prof. Dr. phil. Dr. h.c. Irenäus Eibl-Eibesfeldt
Biologist, behavioural scientist and founder of human ethology

Prefazione

Lei riceve quest'Opera delle Edizioni Ethica Humana da una persona che apprezza il Suo senso di responsabilità.

L'Opera si propone di presentare la Natura, verso la quale siamo tutti responsabili, in modo da toccare i sentimenti. Attraverso aforismi, tratti da testi di eminenti pensatori, nonché opinioni di studenti e di persone che hanno delle responsabilità nell'economia e nella vita pubblica, vengono presentati i Valori tramandati da mantenere vivi, la cui tutela costituisce l'obiettivo di Ethica Humana. La tradizione europea sulla responsabilità è fondata tra l'altro sulla domanda di Caino nell'Antico Testamento: "Sono forse io il guardiano di mio fratello?". Questa Edizione presenta pertanto le foreste pluviali nella loro integrità come un ambito concretamente visibile per il quale dobbiamo sentirci tutti corresponsabili.

Desidero ringraziare di cuore tutti i Sottoscrittori che hanno reso possibile la realizzazione di quest'Opera, scegliendola per farne omaggio a studenti ed a persone da loro stimate.

Roland Wolf
Editore

Vorwort

Dieses Werk zu Verantwortung und Mit-Verantwortung aus der Edition Ethica Humana erhielten Sie von einem Menschen, der Ihre Verantwortlichkeit schätzt.

Es soll Natur, für die wir Mit-Verantwortung tragen, so präsentieren, daß damit Gefühle berührt werden. Mit Aphorismen aus Texten überragender Denker und Beiträgen von Schülern und von Personen, die in Wirtschaft und Öffentlichem Leben Verantwortung tragen, werden lebbare und tradierte Werte vorgestellt, deren Förderung das Anliegen der Ethica Humana ist.

Die europäische Tradition zur Verantwortung gründet u. a. auf der alttestamentarischen Frage: „Soll ich meines Bruders Hüter sein?" Daher präsentiert diese Ausgabe intakte Regenwälder als konkret anschaulichen Bereich für Mit-Verantwortung.

Ein herzliches Dankeschön an alle Subskribenten, die durch den Kauf und die Weitergabe an Schulen und an von ihnen geschätzte Persönlichkeiten dieses Werk ermöglichten.

Roland Wolf
Herausgeber

Roland Wolf
Publisher

Preface

You have received this work from the Ethica Humana series on the subject of responsibility from a person who appreciates your sense of responsibility.

Its aim is to present nature for which we share responsibility in such a way as to evoke emotions. With aphorisms taken from the texts of outstanding thinkers and also contributions by school children and by persons who shoulder responsibility in business and public life, the work presents practical as well as traditional values, the promotion of which is the concern of the Ethica Humana series.

The western tradition of responsibility is based amongst other things on Cain's Old Testament question: "Am I my brother's keeper?" And so this edition presents fascinating views of the rain forest as a concrete example of shared responsibility.

Our cordial thanks to all those subscribers who have, through their subscription, and through passing the work on to schools and to persons whom they hold in esteem, made possible its realisation.

Roland Wolf
Publisher

Préface

Cet ouvrage sur la responsabilité qui fait partie de la collection Ethica Humana vous a été offert par un homme qui apprécie votre sens de la responsabilité.

Son but est de présenter la nature, pour laquelle nous partageons la responsabilité, d'une manière à susciter des émotions. Il présente, par des aphorismes tirés de textes signés par de grands penseurs et des articles rédigés par des élèves et des personnes qui ont des responsabilités dans les milieux économiques et dans la vie publique, des valeurs tangibles et traditionnelles promulguées par l'Ethica Humana.

En matière de responsabilité, la tradition européenne se fonde, entre autres, sur la question posée par Caïn dans l'Ancien Testament: »Dois-je être le protecteur de mon frère?« Cet ouvrage de la collection »Ethica Humana« présente les forêts tropicales comme un exemple concret de responsabilité partagée.

Merci de tout cœur à tous les souscripteurs qui ont permis la réalisation de cet ouvrage en l'acquérant et en le transmettant aux écoles et aux personnalités qu'ils tiennent en estime.

Roland Wolf
Editeur

Europoli & Eurolex
IFK – Privat-Institut für Werteschutz-Editionen
Wolf KG München

Geschäftsführer
Roland Wolf

Kaufmännischer Leiter
Dipl.Vw. Mathias Nölke

Verkaufschef
Dipl.Kfm. Stefan Jockisch

Assistenz zur Geschäftsführung
Maria Rosa Knorre M. A., Elfriede Wolf, Julia Franke M. A.

Vertriebsdirektor/innen
Heidelinde Haider, Ursula Seyfarth, Silvio Keller

Vertriebsleiterinnen
Elke Bandilla, Barbara Bischof-Eckstein, Ingrid Hausigk, Christel Hoppe, Marion Ortmann, Ursula Riesenberg, Manuela Seyfarth, Karin Ullrich-Brox, Christa Wessien

Werteschützerinnen der Ethica Humana
Renate Aurin, Erika Boroske, Isolde Felsberger, Gisela Hershoff, Resi König, Hiltraud Mentz, Renate Münch-Achtelik, Marie-Luise Richter, Renate Schäfer, Birgitt Schmidt, Monika Türk, Helga Weber

Botschafter/innen der Ethica Humana
Jana Ainöder M. A., Gabriele Amberger, Marion Bodewell, Günter Bronold, Bärbel Buchholz, Christel Eckstein, Dipl.-Bw. Andreas Fischer, Rita Frey, Inge Gerzmann, Monika Graf, Adelheid Härtl, Ursula Heim, Antje Heise, Gabriela-Maria Herbrich, Heike Herhaus, Antje Hess, Dr. Evelin Hodek, Annett Hoh, Michael Klein, Gabriele Klemm, Resi König, Inge Kues, Sofie Kunz, Renate Kunz, Hella Mucke, Doris Oppenauer, Rosemarie Quenzer, Marie Luis Richter, Annette Schiemenz, Brigitte Schmalzbauer, Heidrun Schmeisser, Gisela Sehrndt, Claudia Seyfarth, Sylvia Simon, Marie-Luise Sprave, Beate Tryonat, Ursula Weigmann, Marlene Wildner, Ursula Witte

SPORT E CULTURA SpA
Segrate – Milano

Presidente
Roland Wolf

Direzione Vendite
Alfio Sudano

Direttore Amministrativo
Lucio dell'Arciprete

Relazioni Esterne / Servizi Commerciali
Cinzia Trombetta

Amministrazione e Segreteria
Barbara Borghi, Simona Cappelletto, Nadia Carminati, Loredana Celant, Maurizio Ferri, Dario Perli, Elena Tonghini

Area Managers
Monica Bondi, Nora Calderone, Iva Faitelli, M. Antonietta Genestrone, Carmela Genovese, Marilena Magrini, Juccia Marchiori, Flora Maritano, Gianna Natta, Wanda Saveriano, Alida Scaletta, Tremolada Rosarita

Ambasciatrici
Cesarina Agostinelli, Daniela Alderici, Nora Amadori, Bruna Acquati, Gloria Bartole, Antonietta Baso, M. Pia Bassi, Giancarla Battistino, Carla Bettega, Clara Bianchini, Germana Bianco, Liliana Boasso, Rosanna Camolese, Annabella Carpineto, Milene Casturi, M. Grazia Cavo, Adriana Maria Cereja, Rosanna Cesaritti, Annamaria Chianese, Dorina Chiodi De Ascentiis, Franca Cinel, Fausta Ciparelli, Marika Cirone, Marina Corsi, Emilia Dacò, Chiara D'Amico, Graziella De Lauzieres, Anna Del Chicca, Lorenza Dolazza, Leonella Dolliana, Aurelia Ducoli, Maria Concetta Fiorino, Cesarina Frigerio, Loredana Gazzola, Roberta Giannini, Fabiola Gobbetti, Gabriella Grilletti, Marta Maestrelli, Nadia Marchesini, Renata Mattanza, Rita Menotti, Rita Merlo, Emanuela Meroni, Daniela Midana, Paola Mondello, Giuseppina Nardin, Halina Nowak, Mariapia Odino, Lucia Oggioni, Susanna Panzieri, Luisa Pozzoni, Bianca Rebucci, Angela Righi, Maria Rita Romagnoli, Giuseppina Roncoroni, Annamaria Rossignolo, Anna Russo, Rosetta Russo, Daniela Salento, Lucia Taglioni, Lidia Tarlazzi, Elide Tasselli, Maria Angela Toja, Velia Tosini, Giovanna Tremosini, Monica Trois, Stefania Valente, Elena Vanoli, Olga Ventura, Marika Vezzosi, Graziella Viale, Sebastiana Vinci, Luciana Visentin, Rosalberta Zorli

PAPIER
50% recycelte Fasern
50% chlorfrei gebleicht

Co-Authors	page
Guido Aghem	67
Roberto Aina	37
Pietro Barbieri	129
Alvaro Barillari	67
Gottfried Baumann	66
Günter Behrens	98
Marinus Biemans	98
Rudolf Blott	128
Klaus Bolzhauser	148
Dr. Filippo Borghi	149
Ing. Giuseppe Bosio	67
Marco Brenna	37
Daniela Canciani	99
Daniele Chiarioni	99
Armand Courtois	68
Dr.ssa Carla Delfino	99
Wolfgang Dettmer	36
Franco Fiore	37
Dr.ssa Cheti Francesci	129
Katrin Friedrich	98
Maria C. Graziano	67
Christian Haidan	128
Manfred Hösler	148
Gerhard Klee	36
Manfred Knorpp	36
Joachim Kuwert	151
Antonio Lapolla	99
Gerhard Lotter	128
Ulrich Mayer-Steudte	148
Marilisa Michelini	67
Christine Nachtigal	128
Prof.Dr.Ing. Lothar Otto	176
Carla Poli	129
Hermann Puschner	36
Veit Rausche	148
Josef Rommler	148
Henry Ruß	176
Bärbel Sanavia	66
Hansjörg Schäfer	148
Jutta Schega	128
Armin Schunk	66
Patrick Standen	67
Wolfgang Tancke	148
Guiseppe Tanelli	149
Günter Thellig	176
Simonetta Tiberto	67
Dipl.Ing. B. Topf	36
Hans-Jürgen Uhlmann	98
Jürgen Ullmann	207
Valerio Venegoni	149
Horst Volkmer	36
Ekkehard Weigelt	66

Published by Europoli & Eurolex Herrsching

Publishers
Roland und Elfie E. Wolf

Art Director
Erwin Fieger

Photography
Günter Ziesler

Editor
Julia Franke

Editor Secretary Italy
Loredana Celant

Translations
Loredana Celant
Astrid Eichinger
Marise Nölke
Christian Ryan

Photo-composition
Schröter GmbH
Trudering

Reproductions
Karl Findl & Partner GmbH
Icking

Printing
Freiburger Graphische Betriebe
Freiburg

© 1999 Europoli & Eurolex
IFK Wolf KG, Herrsching
Sport & Cultura SpA
Segrate-Milano
Printed in Germany
ISBN 3 – 921412-41-2

DANKE   **GRAZIE**   **MERCI**   **THANKS**

Mit der Förderung von Ethik an Schulen und/oder einer Subskription haben die im folgenden genannten Damen und Herren zur Verbreitung und Vertiefung ethischer Werte und zur Vergabe von Kultur- und Naturpreisen beigetragen.

Con la promozione dell'etica nelle scuole e/o una sottoscrizione, le persone sottoelencate hanno contribuito alla diffusione e all'approfondimento dei valori etici e hanno promosso l'assegnazione di premi di carattere culturale o naturale.

En favorisant l'enseignement de la morale dans les écoles et/ou en prenant part à une souscription, les femmes et hommes dont les noms suivent ont contribué à la promotion et à l'approfondissement des valeurs éthiques per la distribution de prix liés à la culture et à la nature.

By promoting ethics in schools and/or by means of subscription, the following ladies and gentlemen have contributed towards furthering ethical values and enabling the award of prizes related to performances in the fields of culture of nature.

Guido Aghem
Silvana Aguzzoli
Roberto Aina
Dr. Cesare Alberghino
Dr. Agostino Alfano
Dr. Ricardo Alquati
Robert Altmann
Dr. Carlo Antonacci
Ing. Vittorio Arbasino
Nicola Argirò
Herr Artkämper
Herr Aulbach
Luciano Avanzi
Dr.ssa Maria Rosa Banfi
Cristina Barbareschi
Nicola Barbieri
Pietro Barbieri
Maria Baricco
Alvaro Barillari
Severo Barotto
Francesco Barresi
Marco Baruzzi
Valerio Baruzzi
Herr Behrens
Marisa Bellardone
Otto Bellof
Simona Beltrame
Franco Beretta
Walter Berger
Pietro Bertolucci
Antonio Bettati
Heinz Bindseil
Giorgio Biraschi
Michel Bisestri
Herr Bitski
Karin Bitwe
Rag. Otello Bizzotto
Manfred Bleeker
Angelo Bolzonello
Igino Bondani
Paolo Bongianni
Carmela Bonifacio
Dr. Filippo Borghi
Dr. Antonio Bortoli
Maurizia Boschetti

Giuseppe Bosio
Ing. Giorgio Bozzola
Giuseppe Bracaloni
Ivano Brambilla
Frau Brand
Frau Brandl
Geom. Vittorio M. Brasini
Herr Braun
Hans-Joachim Bredendiek
Marco Brenna
Herr Brinkmann
Werner Brinks
Monica Broccardo
Herr Broedel
Herr Bgm. Bruckner
Doris Bruns
Ulrich Budde
Herr Buehlbecker
Federica Buffon
Giovanni Buffon
Bruno Buongiorno
Renata Busettini
Andrea Campana
Daniela Canciani
Carlo Capelli
Pierangelo Capelli
Danio Carlesi
Massimo Casartelli
Marina Ceccarelli
Antonio Chianella
Agostino Chiapponi
Daniele Chiarioni
Lorenzo Chiorino
Luciano Cicatiello
Dr. Ildo Cigarini
Michele Cinotto
Dr. Gabriele Cocconi
Pasquale Coppola
Dr. Gianni Corrà
Paolo Costa
Antonio Costantino
Italo Cozzi
Piero Cremasco
Dr. Aristide Dal Sasso
Roberto Davì

Herr de Boer
Ing. Adriano De Vidi
Prof. Harald Deilmann
Ivo Del Mazza
Dr.ssa Carla Delfino
Gerhard Dicker
Herr Diehm
Gerhard Dieker
Herr Diem
Herr Dieter
Ralf Doelle
Herr Doepper
Rosy Dragoni
Felice Ducoli
Wilfried Duile
Brigitte Dujardin
Hans-Jakob Dussler
Theo Dust
Herr Eckelboom
Reinhard Eibel
Evaristo Facchinetti
Dr. Roberto Fagiani
Herr Falkenreck
Dr. Klaus Fehrenbach
Cristina Fiore
Franco Fiore
Bgm. Christoph Flaeming
Herr Bgm. Floth
Marisa Forin
Dr.ssa Cheti Franceschi
Werner Frantzen
Hans-Gerd Frauk
Katrin Friedrich
Hans-J. Frommeyer
Pierluigi Fucito
Carlo Fulchir
Jörg Furch
Gabriella Galvanin
Aw. Stefano Gaudenzi
Hans-Joachim Gerken
Cav. Ezio Ghiringhelli
Maurizio Giani
Herr Gieselmann
Dr. Leopoldo Gimmelli
Dario Giusti

Dr. Franco Goffredi
Eberhard Golze
Dr. Rainer Gossmann
Massimo Grassi
Maria Cristina Graziano
Herr Greiner
Günther Greiner
Winfried Gross
Manfred Hamann
Herr Hardt
Wolfgang Harpf
Herr Hegenberg
Herr Heinrigs
Jakob Helmut
Edwart Hengstenberg
Knut Henningsen
Herr Hertwig
Udo Heusch
Wolfgang Hoffmann
Marlies Hoffmann
Robert Holemans
Dr.ssa Anna M. Holland
Walter Honekamp
Ulrich Hüter
Achille Isella
Herr Jakob
Helge Jörg
Herr Keilberth
Karlheinz Kemminer
Herr Kieper
Herr Kirchberg
Herr Kirchner
Wolfgang Klassen
Gerhard Klee
Herr Klefisch
Helga Kluempen
Martin Koenig
Herr Korzeniewski
Dietrich Kramer
Erich Kraus
Fritz Krause
Herr Krawczyk
Manfred Kuhn
Peter Kuntze
Frau Künzel

DANKE   GRAZIE   MERCI   THANKS

Mit der Förderung von Ethik an Schulen und/oder einer Subskription haben die im folgenden genannten Damen und Herren zur Verbreitung und Vertiefung ethischer Werte und zur Vergabe von Kultur- und Naturpreisen beigetragen.

Con la promozione dell'etica nelle scuole e/o una sottoscrizione, le persone sottoelencate hanno contribuito alla diffusione e all'approfondimento dei valori etici e hanno promosso l'assegnazione di premi di carattere culturale o naturale.

En favorisant l'enseignement de la morale dans les écoles et/ou en prenant part à une souscription, les femmes et hommes dont les noms suivent ont contribué à la promotion et à l'approfondissement des valeurs éthiques per la distribution de prix liés à la culture et à la nature.

By promoting ethics in schools and/or by means of subscription, the following ladies and gentlemen have contributed towards furthering ethical values and enabling the award of prizes related to performances in the fields of culture of nature.

Dr. Cesare Laberinti
Giovanni Lagostina
Vincenzo Lamura
Paolo Lanini
Antonio Lapolla
Dr. Paolo Lavio
Herr Lehmann
Gustav Leisterer
Marco Leone
Peter Leyendecker
Edgar Lichter
Filippo Lippiello
Alessandro Luca
Chiara Maestroni
Simonetta Magnanini
Piero Mallardi
Arch. Alberto Mambelli
Claudio Manfrini
Gabriele Mantellato
Valerio Marcon
Hans Marsmann
Dr. Claudio Martinelli
Dr. Luciano Martini
Aldo Martino
Walter Matocci
Guido Mattaini
Herr Meimann
Klaus Meintrup
Arturo Menghi
Paolo Menuzzo
Giuseppe Meroni
Dr. C. Mestitz
Marilisa Michelini
Wolfgang Mietk
Georg Möhring
Comm. Giorgio Monti
Mario Montonati
Elisabetta Montresor
Angelo Morellini
Anton Maria Moreno
Anita Mori
Comm. Gianfranco Morini
Karl Neu
Herr Neugebauer
Herr Nickel

Renzo Nicolello
Herr Nissen
Herr Oelker
Elda Ottolini
Herr Padberg
Dario Padrin
Dr. ssa Mari Palladino
Livio Pallicelli
Elena Palmieri
Dr. Gianfranco Patri
Dr. Joachim Penzel
Battista Mario Percivaldi
Michael Peschel
Gerhard Peters
Carlo Piazzetta
Geom. Paolo Piccione
Roberto Piccionetti
Dr. Giovanni Pinamonti
Werner Piotrowski
Cav. Domenico Plantamura
Carla Poli
Bruno Poloniato
Gianpaolo Prandelli
Lorenzo Quilici
Veit Ransche
Andreas Reincke
Heinz-Josef Reker
Enzo Ricci
Elke Rosenbach
Franco Rosetti
Frauke Ruehr
Manfred Ruetten
Henry Ruß
Meike Rymarzik
Rudi Salzberger
Piero Santarello
Emilia Sarale
Mauro Saviola
Elio Savioli
Herr Schäfer
Herr Bgm. Schaller
Herr Schäuzler
Herr Scheuring
Herr Schieke
Herr Schippel

Hans Schmidt
Herbert Schmitz
Christian Schneider
Josef Schnusenberg
Herr Scholz
Hans-Jürgen Schölzke
Dipl.-Ing. Werner Schreiber
Herr Schremmer
Otto M. Schröder
Jürgen Schroer
Frau Schrupp
Josef Schübbe
Gerd Schuckel
Herr Bgm. Schuessler
Rita Seiler
Günther Seith
Barbara Sereni
Peter Sieger
Walter Sintoni
Cesare Sironi
Enrico Spagliari
Werner Stadler
Patrick Standen
Heinrich Stefener
Herr Steffens
Hubert Steinweg
Theo Surkamp
Raffaello Taddei
Cataldo Talamo
Giovanni Tampieri
Mario Tasca
Tiziano Tasca
Dr. Ulrich Teich
Simonetta Tiberto
Maurizio Tobaldini
Herr Tömmers
Graziella Tumiatti
Heinz Tummel
Dr. Michele Tummolo
Leopoldo Uccellini
Luigino Uliana
Hans-Jürgen Uhlmann
Jürgen Ullmann
Herr Ulmer
Elke Unkel

Herr van der Wouw
Heinrich van der Wurp
Reinhard van Vlonrop
Ferdinando Vanelli
Wolfgang Vantz
Wolfgang Vautz
Mario Venegoni
Valerio Venegoni
Maria Vente
Herr Verführt
Arnaldo Veronesi
Luigi Vezzoli
Geom. Olga Vienna
Giovanni Violani
Wolfgang von Hall
Dr. Werner Voss
Dr. Fortunato Vullo
Herr Wachsmuth
Ulrich Wacker
Herr Wackler
Manfred Wagener
Heinz Wagenhäuser
Helmut Wanner
Bernd Weber
Frau Wegener
Herr Wegmann
Herr Wehmeier
Ekkehard Weigelt
Volker Weisbrodt
Annemarie Weiser
Uwe Wellerdieck
Margrit Wicklein
Dipl.-Ing. Heinrich Wiczkowiak
Herr Witt
Josef Wittenberg
Peter Wollscheid
Dieter Wurster
Dario Zagagnoli
Herr Ziemann
Birgit Zimmer
Irma Zini
Franco Zuccoli

1

Acer macrophyllum · Hoh, Olympic NP, WA, USA

Meinungen wechseln nach Zeit und Ort; aber die Stimme der Natur bleibt sich stets und überall gleich, ist daher vor allem zu beachten.
Arthur Schopenhauer

Le opinioni cambiano a seconda del momento e del luogo; la voce della natura invece rimane sempre costante ovunque, e deve perciò essere ascoltata per prima.
Arthur Schopenhauer

Les opinions varient selon le lieu et l'époque, la voix de la nature reste partout et toujours fidèle à elle-même, il faut donc la suivre avant toute chose.
Arthur Schopenhauer

Opinions change according to time and place; but the voice of nature always remains the same and must for this reason be respected by all.
Arthur Schopenhauer

POTESTAS

Macht
Potenza
Puissance
Power

Sloanea woollsii · Nightcap NP, NSW, Australia

Ficus destruyens · Conway State Forest, QLD, Australia

Ficus destruyens · Conway State Forest, QLD, Australia

Einerseits kennen wir die Größe der Probleme, andererseits sind wir uns unserer Möglichkeiten bewußt. Wir gehen der Zukunft entgegen und die Aufgabe kann niemals zu groß werden.
Olof Palme

Da un lato siamo a conoscenza delle dimensioni del problema, dall'altro siamo consapevoli delle nostre possibilità. Andiamo incontro al futuro e il compito non potrà mai essere troppo grande.
Olof Palme

D'une part nous estimons l'ampleur des problèmes, de l'autre nous sommes conscients de nos possibilités. Nous allons vers l'avenir et l'ampleur de notre mission n'est jamais démesurée.
Olof Palme

On the one hand we know the immensity of the problems and on the other our possibilities. We look to the future and the task can never be big enough.
Olof Palme

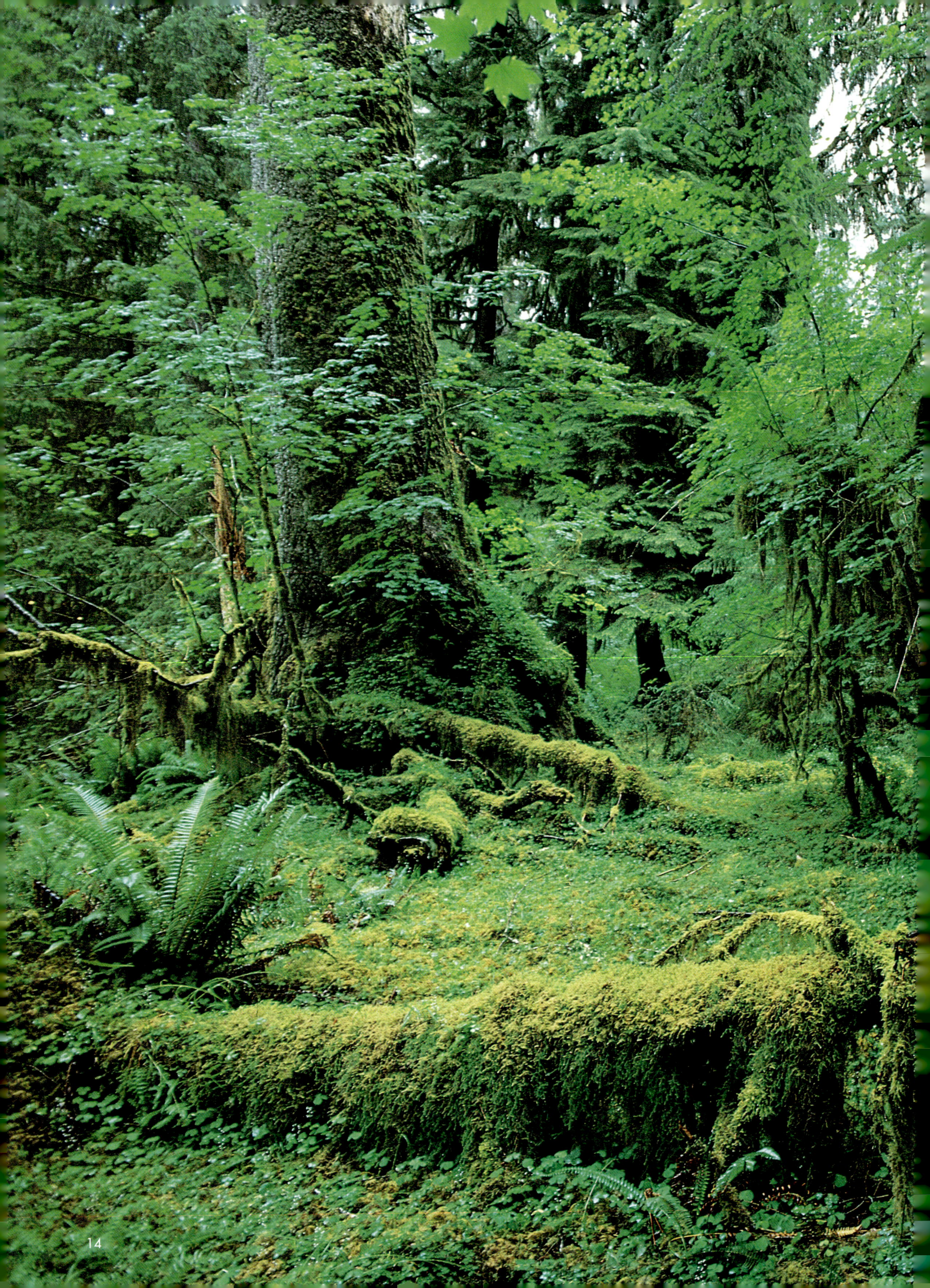

Picea sitchensis; Acer circinatum • Hoh, Olympic NP, WA, USA

Sloanea wollsii · Nightcap NP, NSW, Australia

Sloanea wollsii · Palm Grove NP, Tamborine Mts., QLD, Australia

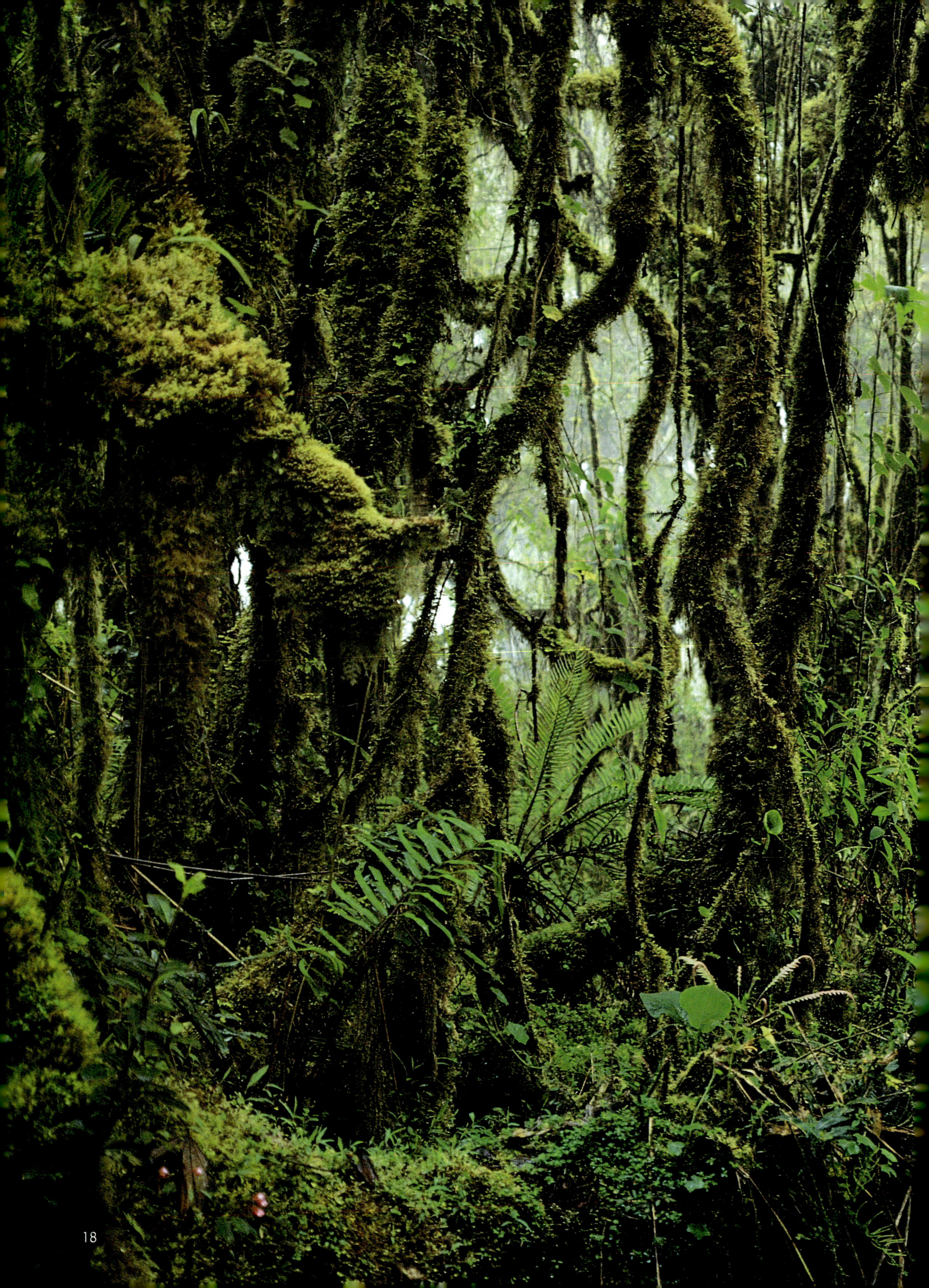

Cayambe-Coca Reservation, Ecuador

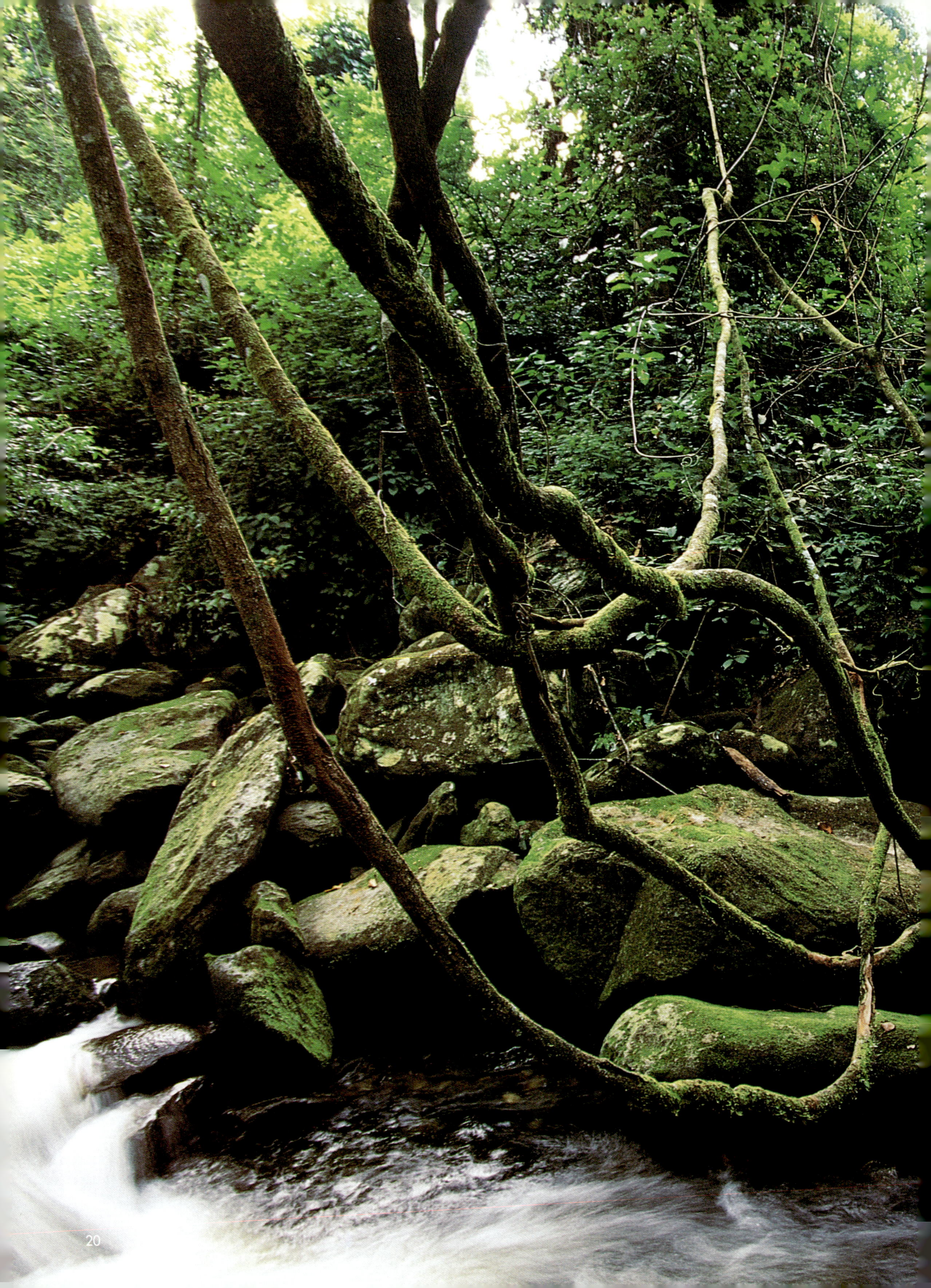

Mahale Mts. NP, Tanzania

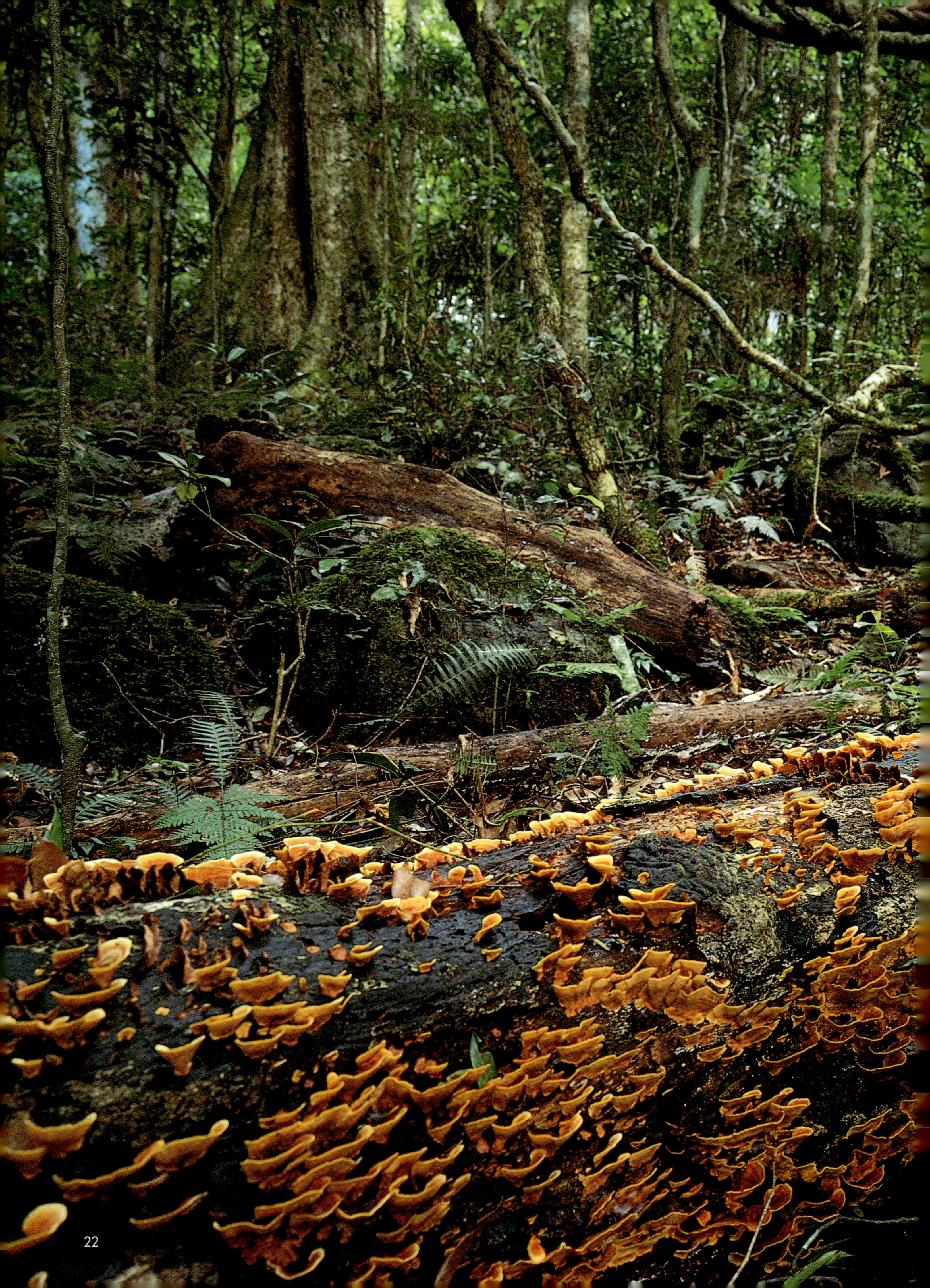

Lamington NP, QLD, Australia

Danum Valley, Sabah/Borneo, Malaysia

Der Mensch muß auf Gerechtigkeit pochen, um gegen die Ungerechtigkeit zu kämpfen, Glück schaffen, um sich gegen die Welt des Unglücks aufzulehnen.
Albert Camus

L'uomo deve affermare la giustizia per poter lottare contro l'eterna ingiustizia, deve crearsi la felicitá per ribellarsi al mondo dell'infelicità.
Albert Camus

L'homme se doit d'exiger la justice afin de lutter contre l'éternelle injustice et construire le bonheur pour se révolter contre l'univers du malheur.
Albert Camus

Man must stand up for justice in order to combat eternal injustice; must create happiness in order to revolt against the world of unhappiness.
Albert Camus

Ficus spec. · Danum Valley, Sabah/Borneo, Malaysia

Ich weiß, wie groß jedesmal die Herausforderung ist; kenne den Preis dafür, daß man sich ihr stellt, und die tiefe Befriedigung des Gelingens.
Margot Fonteyn

So quanto sia grande la sfida ogni volta; conosco il prezzo dell'affrontarla e conosco la profonda soddisfazione del successo.
Margot Fonteyn

Je saisis à chaque fois la dimension du défi, j'en connais le tribut à payer lorsque on le relève et la profonde satisfaction de la réussite qui en découle.
Margot Fonteyn

I know how great the challenge is each time; know the price that one pays for meeting up to it, and the deep satisfaction of success.
Margot Fonteyn

Asplenium australasicum; Pothos longipes • Dorrigo NP, NSW, Australia

Asplenium australasicum; Pothos longipes · Dorrigo NP, NSW, Australia

Ich setze mein Vertrauen in Ideen, trotz allem glaube ich an den Menschen. Trotz des Menschen und ihm zum Trotz glaube ich an ihn.
Elie Wiesel

Io ripongo ancora la mia fiducia nelle idee e nonostante tutto credo ancora nell'uomo. Nonostante l'uomo, a dispetto dell'uomo, io credo in lui.
Elie Wiesel

Je continue à placer ma confiance dans les idées, pourtant je crois toujours en l'homme. Je crois en l'homme malgré et en dépit de lui.
Elie Wiesel

I still put my trust in ideas and in spite of everything I still believe in man. In spite of man and to spite him I believe in him.
Elle Wiesel

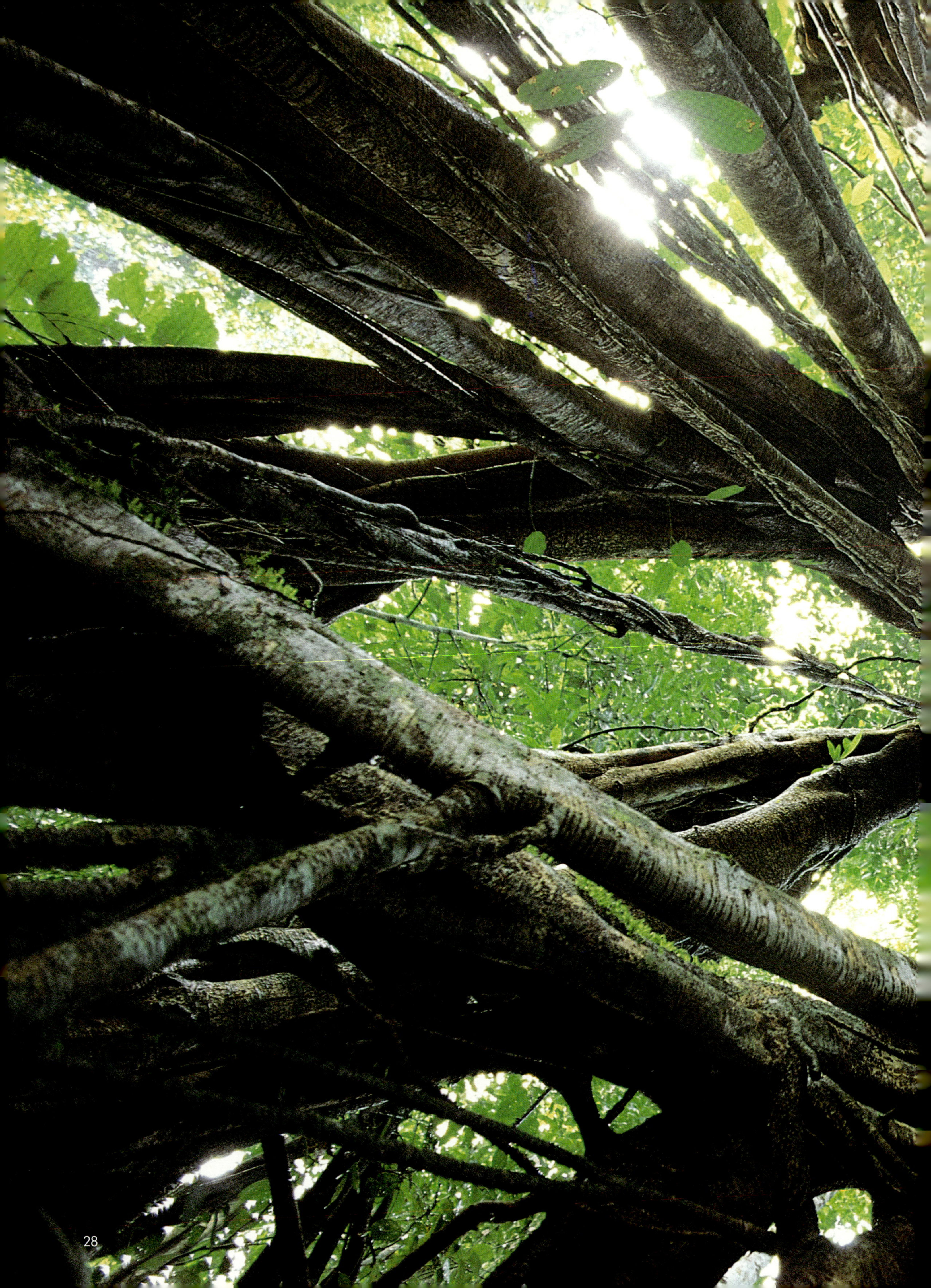

Ficus spec., Danum Valley, Sabah/Borneo, Malaysia

Hypipamee NP, Atherton Tablelands, QLD, Australia

Acer macrophyllum · Hoh, Olympic NP, WA, USA

Die Natur hat einen sicheren Gang. Wer ihn richtig beobachtet, kann daraus auf die Zukunft schließen.
Michel de Montaigne

La natura ha un cammino sicuro. Chi osserva tale cammino potrà presagirne il futuro.
Michel de Montaigne

La nature avance d'un pas assuré. Le bon observateur de cette allure sait en présager l'avenir.
Michel de Montaigne

Nature is safe on its feet. Those who observe its process carefully can make inferences about the future.
Michel de Montaigne

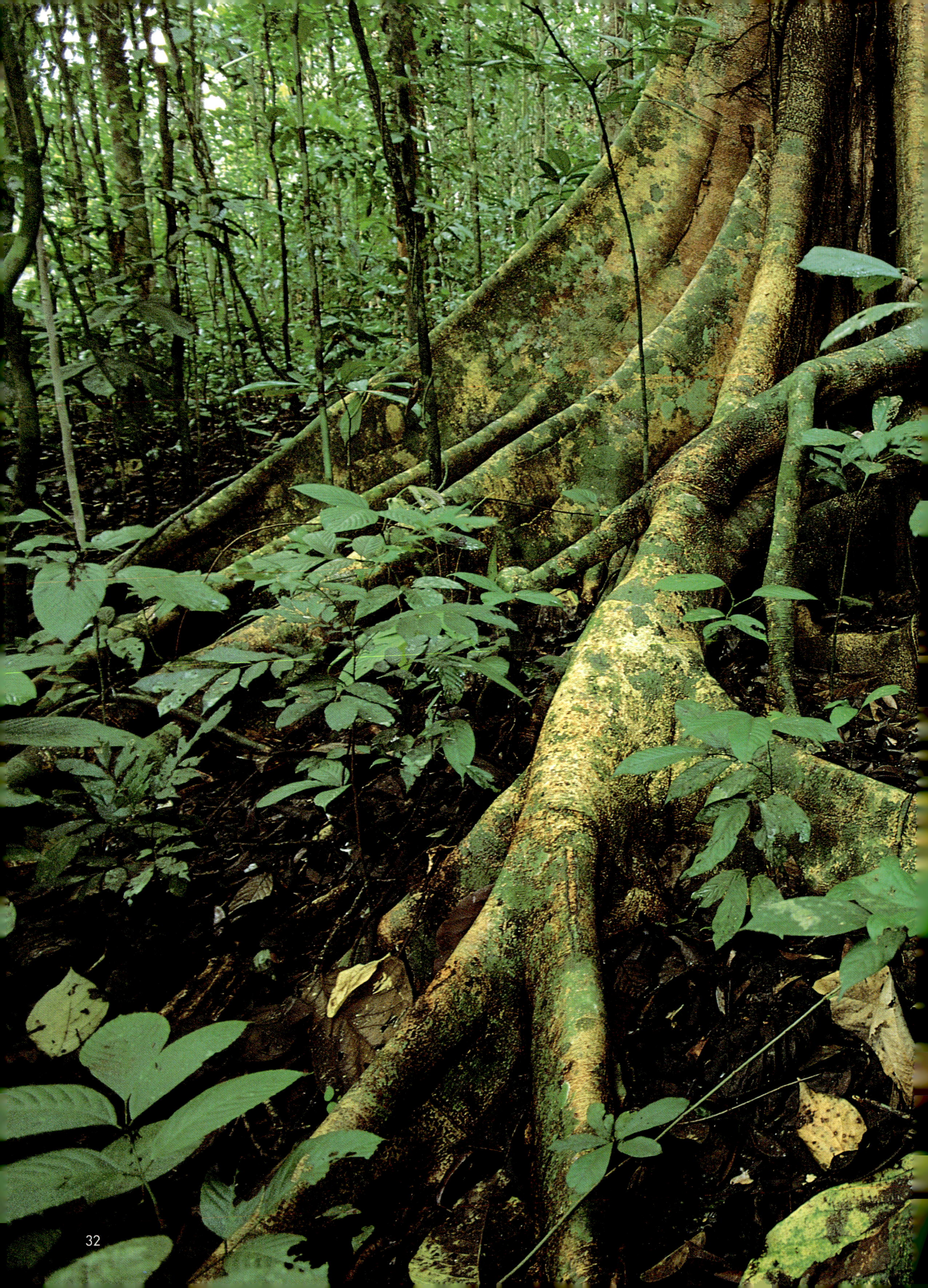

Ficus spec. · Danum Valley, Sabah/Borneo, Malaysia

Ficus virens · Atherton Tablelands, Australia

Eira barbara · Tambopata Reservat, Peru

Acer macrophyllum · Hoh, Olympic NP, WA, USA

Siehe, der Mensch ist wahrlich verloren, außer denen, welche glauben und das Rechte tun und einander zur Wahrheit mahnen und zur Geduld.
Koran, Sure 103

Vedi, gli uomini sono davvero perduti, tranne coloro che credono e fanno ciò che è giusto e si esortano l'un l'altro alla verità e alla pazienza.
Corano, Sura 103

Regarde comment les hommes sont vraiment égarés, sauf ceux qui ont la foi, qui font le bien et s'exhortent mutuellement à la vérité et à la patience.
Le Coran, sourate 103

Look, man is truly lost, unless he believes and does right and admonishes others to be truthful and patient.
Koran, Sura 103

ETHICA HUMANA

Vielmehr mit der Notwendigkeit, mit der ein Baum Früchte trägt, wachsen aus uns unsere Werte, unsere Jas und Neins und Wenns und Obs.
Friedrich Nietzsche

Die Generationen, die nach uns kommen, haben das Recht, die Forderung an die Führer zu stellen, daß diese sich ihrer Verantwortung bewußt sein müssen und daß sie Besinnung und Vernunft statt Waffen und Gewalt sprechen lassen.
Olof Palme

Die Verantwortung des einzelnen Menschen
… zeigt sich in seinen Handlungen und Unterlassungen vor dem Hintergrund seiner Erkenntnis der Zusammenhänge in der Natur und seinem teilnehmenden Verständnis für den Bauplan der Schöpfung. Die nach Erkenntnis und Vervollkommnung strebenden Menschen gewähren Verantwortung sich selbst genauso wie dem Naturparadies insgesamt.
Gerhard Klee, Steuerberater, Hamburg

Vertrauen bedeutet Verantwortung
Vertrauen als Teil des Zusammenlebens ist eine Voraussetzung für gegenseitige Achtung. Vertrauen muß durch eigenes glaubwürdiges Handeln geschaffen und verdient werden, damit der Partner daran glauben kann.
Entgegengebrachtes Vertrauen bedeutet Verantwortung für das eigene Tun und Handeln. Vertrauen und Verantwortung bedingen sich gegenseitig und stellen die Grundlagen für ein auskömmliches Miteinander in Familie und Gesellschaft dar. Ohne Vertrauen und gelebte Verantwortung reibt sich der Mensch auf, und der Menschheit droht das Ende.
Manfred Knorpp, Volks- und Raiffeisenbanken Aue

Verantwortlich für Todesurteile
Die Evolution hat Ergebnisse hervorgebracht, die infolge ihrer Grandiosität nahezu unbegreiflich sind. Faszinierend ist, wie sich in unberührter Natur Gleichgewichte einstellen. Problematisch, oft dramatisch wird es, wenn der Mensch in seinem Streben nach mehr Bequemlichkeit eingreift. Er muß endlich seine Vernunft auch dafür gebrauchen, sich als Teil, nicht als Beherrscher der Natur zu verstehen. Die Menschheit braucht die Natur – nicht umgekehrt. Niemand hat uns ermächtigt, täglich Todesurteile über Arten zu fällen, die nie in den Kreislauf der Natur zurückgeholt werden können.
Hermann Puschner, Gärtner und Floristen Plauen e.G.

Wenn man in einem wirksamen Helfen begriffen ist, wird man von den Seufzern der Leidenden minder gerührt.
Jean Paul

In Verantwortung hineinwachsen
Mir wurde als Kind nicht erklärt, was Verantwortung heißt, ist und bedeutet. Sie wurde mir vorgelebt, folglich bin ich in sie hineingewachsen. Vor wenigen Jahren konnte ich eine völlig neue Existenz gründen. Auf der Basis von Verantwortungsgefühl, Verantwortungsbewußtsein und Verantwortungsbereitschaft konnte ich neue, gute geschäftliche Partnerschaften aufbauen. Das Wissen, daß schwarz noch als schwarz und weiß als weiß gilt, daß nicht in Grauzonen ausgewichen wird, hat aus meiner Verantwortung heraus um mich herum neues Vertrauen aufgebaut.
Dipl. Ing. B. Topf, Ökotrol, Labor für Umwelttechnik, Auerbach

Verantwortung
Sie beginnt damit, daß man überhaupt etwas tut. Jede Tätigkeit kann erst beginnen, wenn man das Ziel definieren kann und den Lösungsweg kennt, wenn man Für und Wider gewissenhaft abwägt und Erfolgsaussichten hat. Man muß sich motiviert und engagiert in die Sache einbringen und sie bis zum Abschluß begleiten; bei Mißerfolg muß man dazu stehen und vorbeugen, daß sich gleiche Fehler nicht wiederholen. Sie muß klar abgegrenzt sein und ist ein wichtiger Eckpfeiler zum Erfolg.
Wolfgang Dettmer, Panungsbüro, Aue

Verantwortung
Wer u. a. Nordamerika, Südafrika, Neuseeland und Australien einmal kennengelernt hat, der weiß, daß die zahlreichen Naturparadiese den Menschen nicht nur zum Staunen bringen, sondern auch zu der Erkenntnis, daß es in der Verantwortung des Menschen liegt, diese zu erhalten und zu schützen, statt zu zerstören, zu verändern und zu belasten. Das gilt auch für die kleineren Naturparadiese in unserer unmittelbaren Umgebung. Die Natur selbst hat das Recht, sich zu verändern. Nicht die Natur hat sich dem Menschen, sondern der Mensch hat sich der Natur anzupassen.
Horst Volkmer, 1. Bürgermeister, Gemeinde Großmehring

Zwei Bäume
Zwei Bäume hab' ich einst im Wald gesehn,
Die wollten sich einander nahe stehn.
Sie schau'n sich an voll Sehnsucht, möchten gern
Sich fest umschlingen; doch sie stehn zu fern,
Denn andrer Grund ist Jedem angewiesen,
Darin des Lebens starke Wurzeln sprießen.
So neigt sich jeder still zum Andern hin,
Der ein scheint den Andern anzuzieh'n,
Bis es zuletzt gelingt den schlanken Zweigen,
Sich in den Kronen liebend zu erreichen. Wie sie die Äste ineinander flechten.
Louise von Plönnies

ETHICA HUMANA

La responsabilità è ciò che distingue l'adulto dal bambino
L'educazione ci insegna a distinguere il bene dal male, ma sono le scelte di vita dettate dalla coscienza acquisita che ci fanno sentire "responsabili". La responsabilità non è un istinto, né passione, né gioia: è dovere. È il dovere di tenere in grande considerazione ciò che viene offerto e ciò che offriamo. E quindi il parametro, che varia in ognuno di noi, con cui si tiene in giusto conto ciò che si riceve e ciò che si dà, è la responsabilità.
Roberto Aina - Arredo Salotto (ILCHI SRL), Sandigliano (VC)

"Astri"
Sul traghetto proprio sopra alla panca dove ci siamo riposati
Ho visto il Gran Carro.
Se un giorno scriverò un libro sulla mia vita lo intitolerò "L'Orsa maggiore".
Ovunque io vado io la vedo
È la mia costellazione.
Ogni volta che c'è la luna piena io la sento.
Mi chiama ed io devo vederla
sempre.
Quando c'è la luna piena può succedere di tutto.
Questa sera c'è un pezzettino di luna, c'è uno spicchio di
luna
La luce della luna non conosce i colori
Non li distingue
Si limita a disegnare debolmente le tinte del paesaggio.
La luna ricopre tutti di un grigio sporco e ferma la vita durante la notte.
Il mondo sembra fuso nel piombo quando c'è la luna …
Non si muove niente tranne il vento
Quando c'è .
Nelle vie si sentono gli aromi della terra nuda con questo
vento
Che a volte passa come un'ombra su dei boschi grigi.
È una notte ferma, immobile –
È una notte del sud.
Franco Fiore – FIORE S.N.C., Torino

Affidabilità continua e totale
Nei rari momenti di pausa che il lavoro mi concede, mi capita di riflettere, quasi stessi scorrendo un immaginario album fotografico riguardo alle persone sulle quali faccio affidamento per svolgere nel miglior modo possibile il compito di responsabile amministrativo di una media azienda, quotidianamente esposta ai capricci del mercato, alla esosità del sistema creditizio, alle inefficienti ed oscure leggi della burocrazia. Fortunatamente i volti che vedo ritratti hanno un forte tratto che li accomuna, quello di persone capaci, dedite al lavoro con serietà e continuità di rendimento; sono le "ragazze" del nostro ufficio amministrativo, Giovanna, Patty, Dona, Stefy, Antonella, Nunzia. È grazie a loro che le difficoltà di ogni giorno vengono superate, perché il tratto che le accomuna è quello dell'affidabilità continua e totale. Il grazie che rivolgo loro non potrà mai ripagarle di quanto fanno ogni giorno per me.
Marco Brenna – A.T.I. Srl, Erba (LC)

Affidabilità, Responsabilità ed Efficienza
Affidabilità, Responsabilità ed Efficienza sono tre sostantivi che ben si attagliano all'operato della SITAF, Società che ha realizzato e gestisce l'Autostrada Torino-Bardonecchia ed il Traforo del Frejus in Valle di Susa. L'Affidabilità che, per una via di transito è sinonimo di sicurezza, comincia dalle scelte progettuali che hanno dovuto tenere conto delle complessità orografiche, morfologiche e di presenza umana in Valle di Susa. Le tecnologie e gli accorgimenti costruttivi utilizzati consentono di annoverare l'Autostrada Torino-Bardonecchia ed il Traforo del Frejus tra quelle infrastrutture definite "moderne" o di "nuova generazione". La Responsabilità per una Società che gestisce un'arteria viaria diviene un dovere specifico ed irrinunciabile nei confronti degli utenti che quotidianamente la percorrono con la certezza di poter contare su strutture, personale e tecnologie di prim'ordine. L'Efficienza nel nostro settore si coniuga con la sicurezza per le persone ed il rispetto per l'ambiente facendo dell'Autostrada non solo un manufatto che si inserisce in un ecosistema, ma un habitat per l'automobilista impegnato in lunghi spostamenti e, nel contempo, diventa per i residenti un'occasione di crescita economica compatibile con la vivibilità del luogo che deve mantenere intatte le sue peculiarità e caratteristiche originarie.
SITAF S.p.A. – Società Italiana Traforo Autostrade del Frejus, Susa (TO)

Ah … la responsabilità di parlare di responsabilità!
Come si può esplicitare in maniera esaustiva una cosa, un valore, un sentimento che ti accompagna costantemente, una percezione che ti coinvolge in ogni istante della tua giornata. Responsabilità è qualcosa che va oltre il dovere e l'interesse, se pur nobile, di mantenere e far crescere una struttura aziendale così importante per molte persone, anzi molte famiglie. Responsabilità è un di più, è valore aggiunto; è il gusto per la fatica che fai per rendere sempre più bello, affidabile, appetibile il tuo prodotto; è la gioia per l'impegno con cui ricerchi le opportunità migliori per la tua azienda. Responsabilità è avvertire chiaramente che il successo dei tuoi clienti e delle persone che ti circondano è anche il tuo successo. La responsabilità è un impegno verso te stesso e gli altri che ti fa diventare uomo consapevole e coerente; è un appuntamento a cui non puoi mancare per poter testimoniare il tuo profondo rispetto per la vita.
Carlo Piazzetta, Responsabile Commerciale Gruppo Piazzetta S.p.A. – Casella d'Asolo (TV)

Dominare la vita
Responsabilità significa assumersi degli obblighi, riconoscere ed accettare nella propria personalità quello che è importante per noi. Ciascuno si assume, senza saperlo consapevolmente, la responsabilità nella società per la propria vita professionale e privata. Dominare la vita per se stessi, essere presenti per la famiglia, confrontarsi con l'ambiente, la natura, la politica la tecnica e la scienza, sono tutte sfide eccezionali che richiedono responsabilità. Tramite la responsabilità si possono anche fissare dei limiti, che devono essere accettati da tutti.
Christine Nachtigal, AOK Gera

ETHICA HUMANA

Etre responsable et avoir des responsabilités
Il devient de plus en plus facile de limiter nos propres responsabilités, lorsque lois et juges ne suffisent plus, nous nous réfugions derrière la culture, le système D et l'égoïsme, nous déchargeant de nos fautes sur les parents, les enfants, la société, la technologie, l'information… Nombreuses sont aujourd'hui les personnes qui ont des responsabilités sans pour autant être responsables. Que veut dire »être responsable«? A mon sens, »être responsable« et »se rendre compte« ne sont pas sans rapport. Lorsque pour la première fois nous nous retrouvons dans les couloirs du métro d'une ville inconnue, il est d'un grand secours de se retrouver devant le tableau reproduisant le plan des stations, marqué du point rouge accompagné de la phrase »VOUS ÊTES ICI«. Etre responsable signifie chercher, lire et comprendre le tableau »VOUS ÊTES ICI«, alors nous nous »rendons compte«.
Guido Aghem – Studio Aghem Professionisti Associati, Turin

Une action en faveur de la solidarité
Cet ouvrage, à tirage limité, fait partie de la collection exclusive des éditions »Ethica Humana«, qui se propose de sauvegarder les valeurs et les idéaux de notre société à travers l'attribution du *Prix Cultura*, décerné en 1999 à l'Ai.Bi – *Associazione Amici dei Bambini* (Association Amis des Enfants) – pour le projet »Casa Aschiuta«: une maison d'accueil pour les enfants sans logis de Moldavie. FIORAUTO participe depuis maintenant plusieurs années à ce projet à travers une action sur le front de la solidarité et de l'éthique; politique d'entreprise qui a su allier nécessité économique, engagement humanitaire et volonté de croître ensemble.
Alvaro Barillari – FIORAUTO Srl.

Etre responsable signifie répondre de ses actes
»Tu dois être responsable«, »tu dois assumer tes responsabilités«, combien de fois, dès l'adolescence et même après, chacun de nous n'a-t-il pas entendu de telles phrases, prononcées d'un ton sévère? Mais que signifie au juste être responsable? A la lettre: répondre de ses actes, autrement dit, agir en conscience, être conscient de ses propres actions face à une société dans laquelle on vit et à laquelle on appartient. Au travail et dans la vie quotidienne, responsabilité signifie s'acquitter de ses devoirs le mieux possible. Mais comment s'acquitter de ses responsabilités sans »tuer« l'enfant qui, selon Pascoli, doit rester vivant en nous et nous accompagner pour que nous sachions apprécier toutes les nuances de l'existence? L'antique sagesse des Romains nous apporte la réponse: la vérité est dans un juste milieu.
Ing. Giuseppe Bosio – F. LLI BOSIO Srl, Castiglione Torinese

Atteindre les objectifs assignés?
Que veut dire avoir le sens des responsabilités? Prendre conscience de la réalité et agir en conséquence? Assumer la paternité des décisions prises? S'acquitter d'une tâche qui nous a été confiée? Savoir agencer capacités et compétences professionnelles pour atteindre un objectif préétabli? Tout cela à la fois et bien d'autres choses encore. Après des années sombres, on redécouvre aujourd'hui l'éthique. Aussi, chacune de nos actions responsables, pour ne pas être vaine, doit-elle avoir comme pendant un comportement moral. Sans cesse, le monde nous propose des défis, que nous sommes libres d'accepter ou de refuser; la responsabilité d'une décision impose, pour que soit atteint l'objectif que nous nous sommes fixé, que nous mettions en œuvre des comportements conformes aux règles établies. Aussi, pour chacun, responsabilité signifie, dans un contexte donné, atteindre les objectifs assignés, en mettant en œuvre, dans le respect des capacités et des compétences professionnelles de chaque collaborateur, les ressources disponibles et prendre les décisions opportunes sans enfreindre un code éthique.
Daniela Canciani – Nuova Quadri Elettrici Milano Spa – Milan

Voyager dans le respect de certaines valeurs.
La société REZA PROGETTI Srl est née en 1985. Au cours de sa croissance, la société s'est efforcée de créer des emplois mais également de veiller au respect de chaque individu. A travers un engagement constant dans la mise en œuvre des nouvelles technologies – sur lesquelles mise aussi le client, engageant ainsi sa responsabilité – nous nous efforçons d'atteindre des objectifs toujours plus ambitieux, sans pour autant négliger l'objectif ultime: »voyager dans le respect de certaines valeurs, quand la responsabilité de chacun aide à atteindre la véritable fin«. Efficacité et amour du travail sont les règles qui permettent d'aller de l'avant, en cherchant chaque jour à améliorer son propre état, sans perdre de vue l'existence de l'entreprise, jusqu'à ce que chaque individu prenant part au projet, puisse, dans le respect de ces règles, croître lui aussi.
Maria Cristina Graziano – REZZA PROGETTI Srl, Bruino (Turin)

La responsabilité
»Pour quelle raison?« c'est la question qui se pose à moi ici. Plus j'y réfléchis, plus je pense que c'est la responsabilité envers l'avenir de nos enfants, petits-enfants et descendants qui est la réponse. On a dit beaucoup sur la responsabilité: être responsable de ceci ou de cela – de grandes et de petites choses. A quoi sert-elle si elle ne sait pas assurer l'avenir des générations suivantes? C'est à cela qu'on doit la mesurer et rien que cela.
Ekkehard Weigelt, Diplômé d'Économie, Pausa/Vogtland

Growing to accept responsibility
When I was a child, no one explained to me what responsibility was, what it meant. I learned it through the power of example and, as a result, I grew to accept responsibility. A few years ago I was able to set up a completely new existence. On the basis of a sense of responsibility and a readiness to exercise responsibility I was able to establish good, new business partnerships. The knowledge that black is still black and white is still white and that grey areas are avoided has led to the establishment of new trust based on my sense of responsibility.
Dipl. Ing. B. Topf, Ökotrol, Labor für Umwelttechnik, Auerbach

Definition of the word "responsibility"
First of all, everyone should assume responsibility for himself, for his reliability, his self-esteem, his self-confidence, his diligence, his peaceableness, his ability to display acceptance and tolerance. Secondly, everyone should take on responsibility for his family environment and treat his children, partner or the members of his family considerately and lovingly. Thirdly, everyone should apply ideal ethical values in the name of the common welfare and the society and thus play a responsible role in helping to maintain and develop our political and cultural heritage. Responsibility means therefore the daily endeavour to achieve what is best for oneself and for others and thus make life worth living and loving.
Bärbel Sanavia, Wickeder Westfalenstahl, Wickede

Mobility and responsibility
In 1999 the ADAC in Schleswig-Holstein will be 75 years old. Founded under the name "Allgemeiner Deutscher Automobilclub", the ADAC, with its 470,000 members in Schleswig-Holstein and its 13.5 million members in Germany, is the biggest German organization concerning itself with all traffic questions relating to the problems of motorists, motorcyclists, cyclists and pedestrians. The ADAC is, however, also one of the biggest nature conservation associations. The ADAC advocates mobility coupled with a sense of responsibility for both man and nature. Mobility is a basic human need, the fulfilment of which is today no longer possible without the help of motor vehicles. On the threshold of the 21st century there is a need of intelligent solutions which guarantee man's legitimate requirement for mobility while at the same time protecting as far as possible our resources. In conurbations this is, with the help of efficient local passenger transport services, easier to realize than in the country. It is all a matter of fulfilling the reasonable needs of people today without worsening the chances for the following generations – free of ideological bias and without claiming to have easy answers in one's pocket.
ADAC Schleswig-Holstein

Responsibility is a far-reaching concept
Responsibility implies that a person or group of persons – or mankind in general – stand up or vouch for a thing, a product or an action. This sense of duty is not just something that applies exclusively to the development of society. We also bear a great responsibility for our environment. When it comes to the preservation of the earth and of the wonderful flora and fauna of the last remaining natural paradises, we must assume responsibility for our actions for the sake of our successors.
Armin Schunk, Adsour GmbH, Adorf/Vogtland

Responsibility for coming generations
… the question arises: "Responsibility for what?" The more I think about it, the clearer I become in my mind: responsibility for the future of our children and grandchildren and for all those who will come after us. How much we talk about responsibility: responsible for this, responsible for that – for great things and small. But what is all this worth if it does not serve the purpose of securing the future of the coming generations? This must be the universal yardstick and this alone.
Ekkehard Weigelt, Dipl. Ökonom, Pausa/Vogtland

The responsibility of each individual
… is revealed in his doings and in his omissions against the background of his knowledge of the continuity of nature and his understanding of the grand plan of creation. In his striving for knowledge and perfection man owes responsibility both to himself and to the paradise of nature as a whole.
Gerhard Klee, Steuerberater, Hamburg

The freedom of responsibility is a process in which one's own freedom is invested: in one's professional tasks, in loyalty to one's partner in marriage, in political co-determination. One's own ego must take a back seat behind those things that others rightly expect of us. This means work and toil. But a person of whom no one expects anything does not play a role for others; he is only free in a negative sense.

My work will be finished if I succeed in carrying conviction to the human family that every man or woman, however weak in body, is the guardian of his or her self-respect and liberty.
Mahatma Gandhi

ETHICA HUMANA

2

Hyla leucophyllata · Ecuador

Es ist meine Sache nicht, zu sagen, was man in der Welt tun soll. Es gibt andere genug, die sich damit befassen; ich weiß nur, was ich darin tu.
Michel de Montaigne

Non spetta a me dire cosa si debba fare al mondo. C'è già abbastanza gente che si occupa di questo; io so solo quello che faccio io.
Michel de Montaigne

Ce n'est pas à moi de dire ce qu'on doit faire dans le monde. Assez de gens s'en préoccupent, je sais seulement ce que j'y ai à faire.
Michel de Montaigne

It is not for me to say what one should do in the world. There are enough other people who bother about this. I only know what I am doing here.
Michel de Montaigne

ELEGANTIA

Schönheit
Bellezza
Beauté
Beauty

Caiman crocodilus · Pantanal, Brazil

Wer weiß, daß er selbst nur ein winziges Strichlein in der Welt bedeutet, der schätzt die Dinge ein nach ihrer wahren Größe.
Michel de Montaigne

Chi è consapevole di esser soltanto un bruscolino nel mondo, apprezza ogni cosa per il suo giusto valore.
Michel de Montaigne

Celui qui sait qu'il n'a au monde que la taille d'un fétu de paille, sait accorder aux choses leur véritable importance.
Michel de Montaigne

Those who know that they are just a tiny dot in the world assess things according to their true dimensions.
Michel de Montaigne

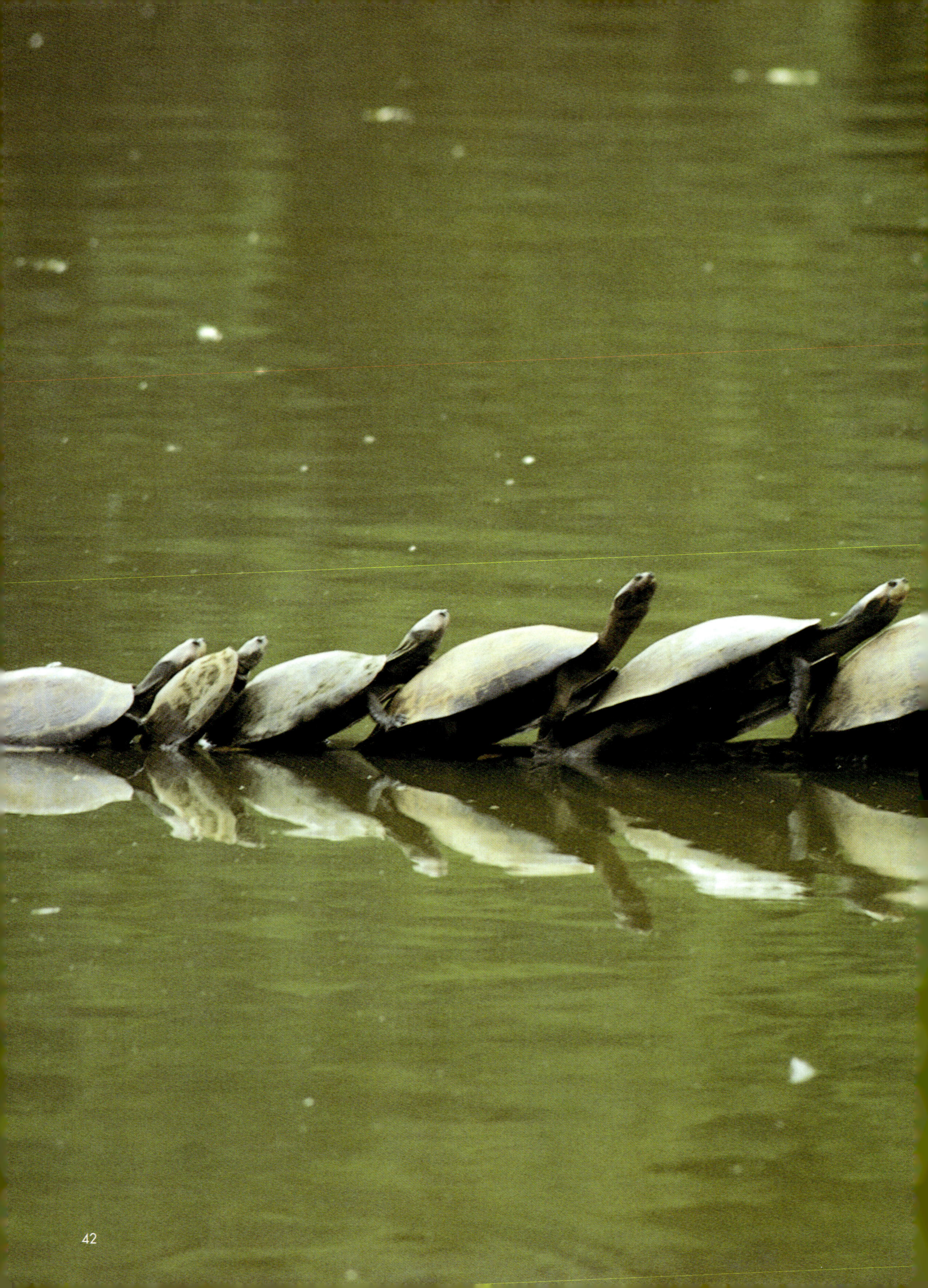

Podocnemis unifilis · Manu NP, Peru

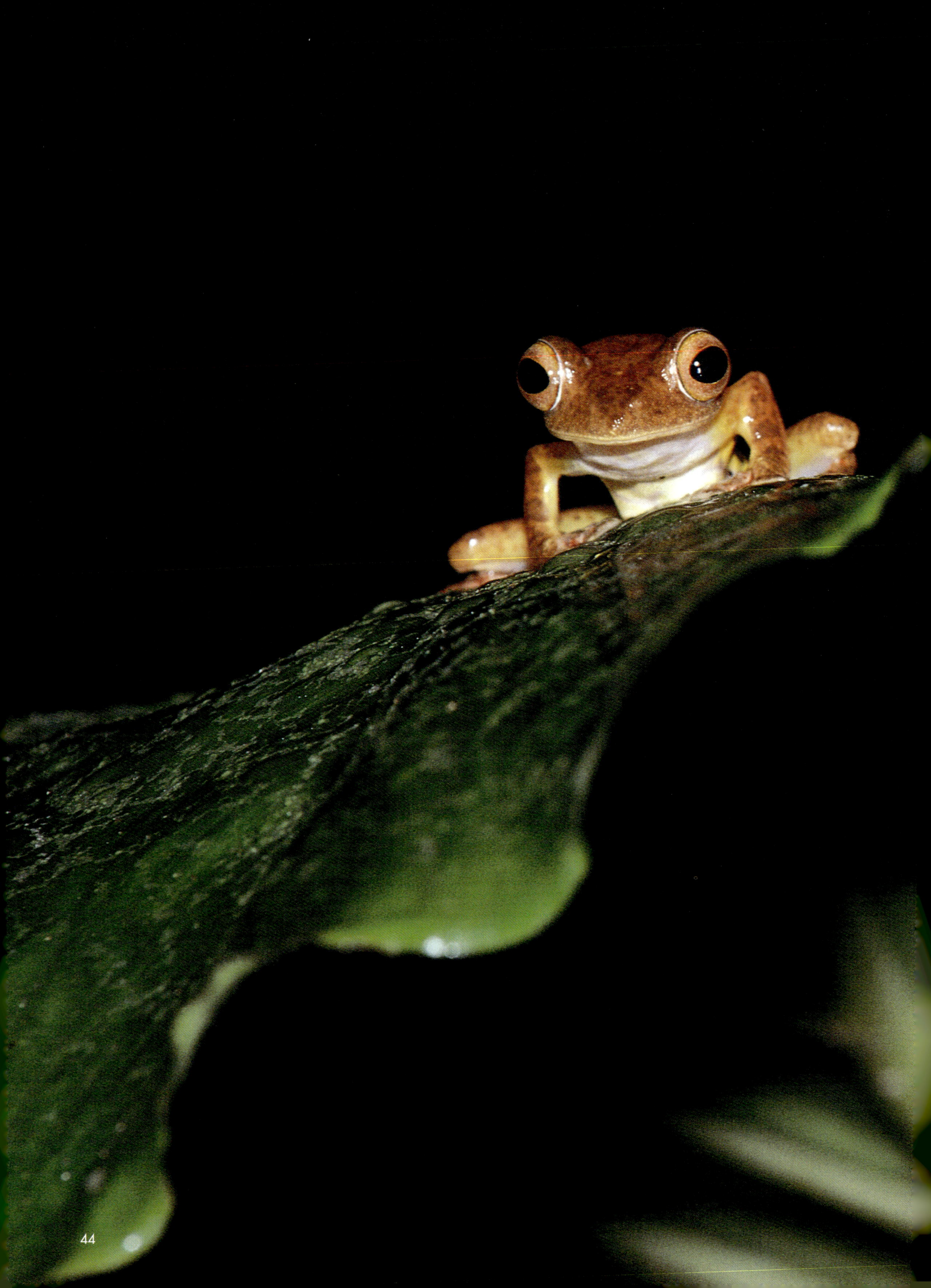

Rhacophorus pardalis · Danum Valley, Sabah/Borneo, Malaysia

Caiman crocodilus · Rio Negrinho, Pantanal, Brazil

Egretta alba · Pantanal, Brazil

Es ist schwer, Verantwortung zu tragen für etwas, das man nicht liebt.
Hans Jonas

E' difficile prendersi la responsabilità di qualcosa che non si ama.
Hans Jonas

Difficile d'assumer la responsabilité de ce que l'on n'aime pas.
Hans Jonas.

It is difficult to bear responsibility for something that one does not love.
Hans Jonas

Caiman crocodilus · Pantanal, Brazil

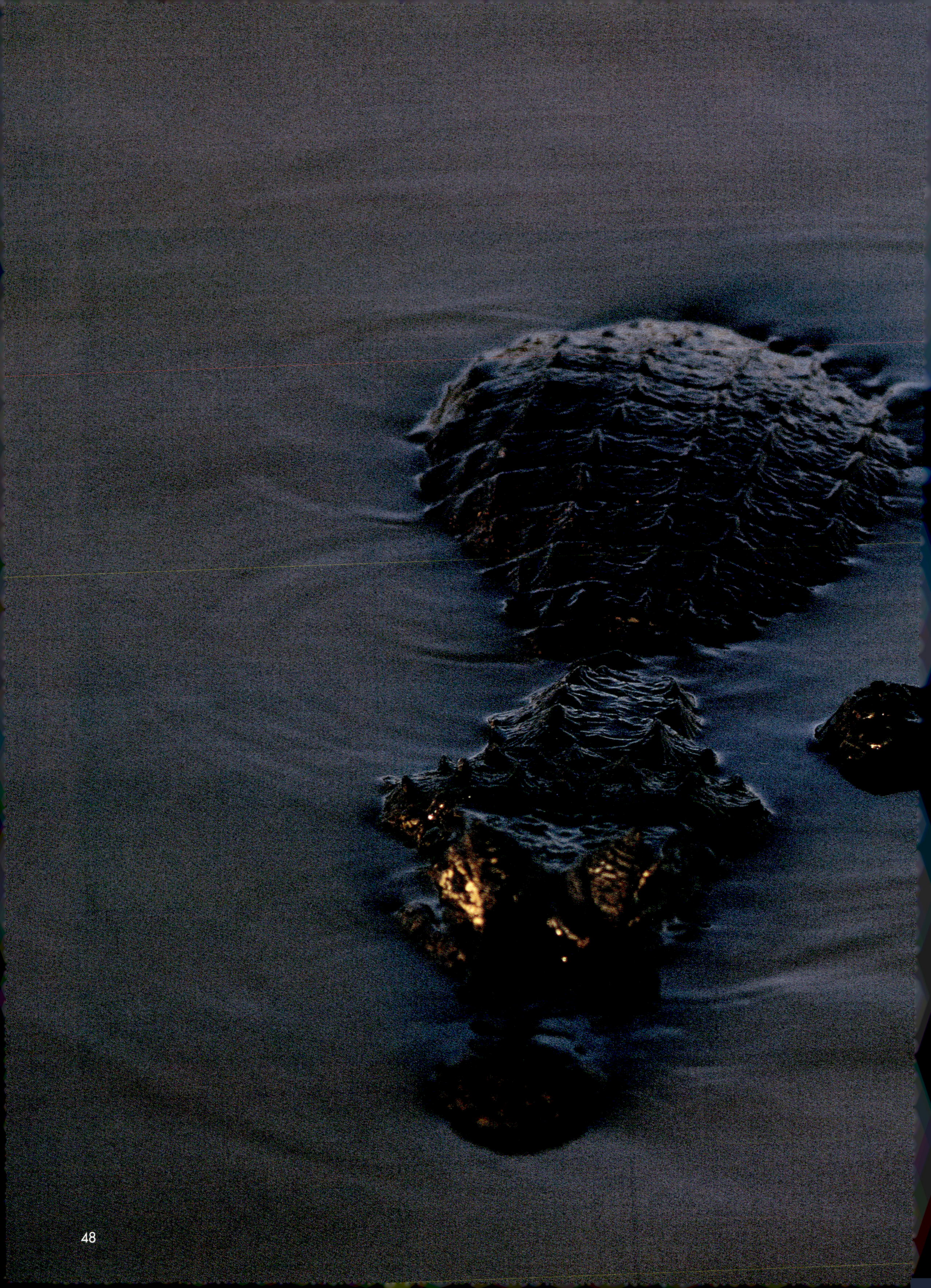

Caiman crocodilus · Pantanal, Brazil

Pteronura brasiliensis · Pantanal, Brazil

Es ist unumgänglich, sich von der vom Bewußtsein empfundenen Freiheit loszusagen und die von uns nicht wahrgenommene Abhängigkeit zu erkennen. Lev Nikol Tolstoi	E' indispensabile separarsi dalla libertà di cui siamo consapevoli e riconoscere la dipendenza che non percepiamo. Lev Nikol Tolstoi	Se détacher de la conscience de la liberté ressentie est inéluctable pour reconnaître une dépendance par nous récusée. Lev Nikol Tolstoï	It is necessary to dissociate oneself from the freedom our consciousness experiences and to recognize the dependence of which we are not always aware. Lev Nikol Tolstoi

Dromiciops australis · Southern Chile

Felis wiedii · Tambopata Reservation, Peru

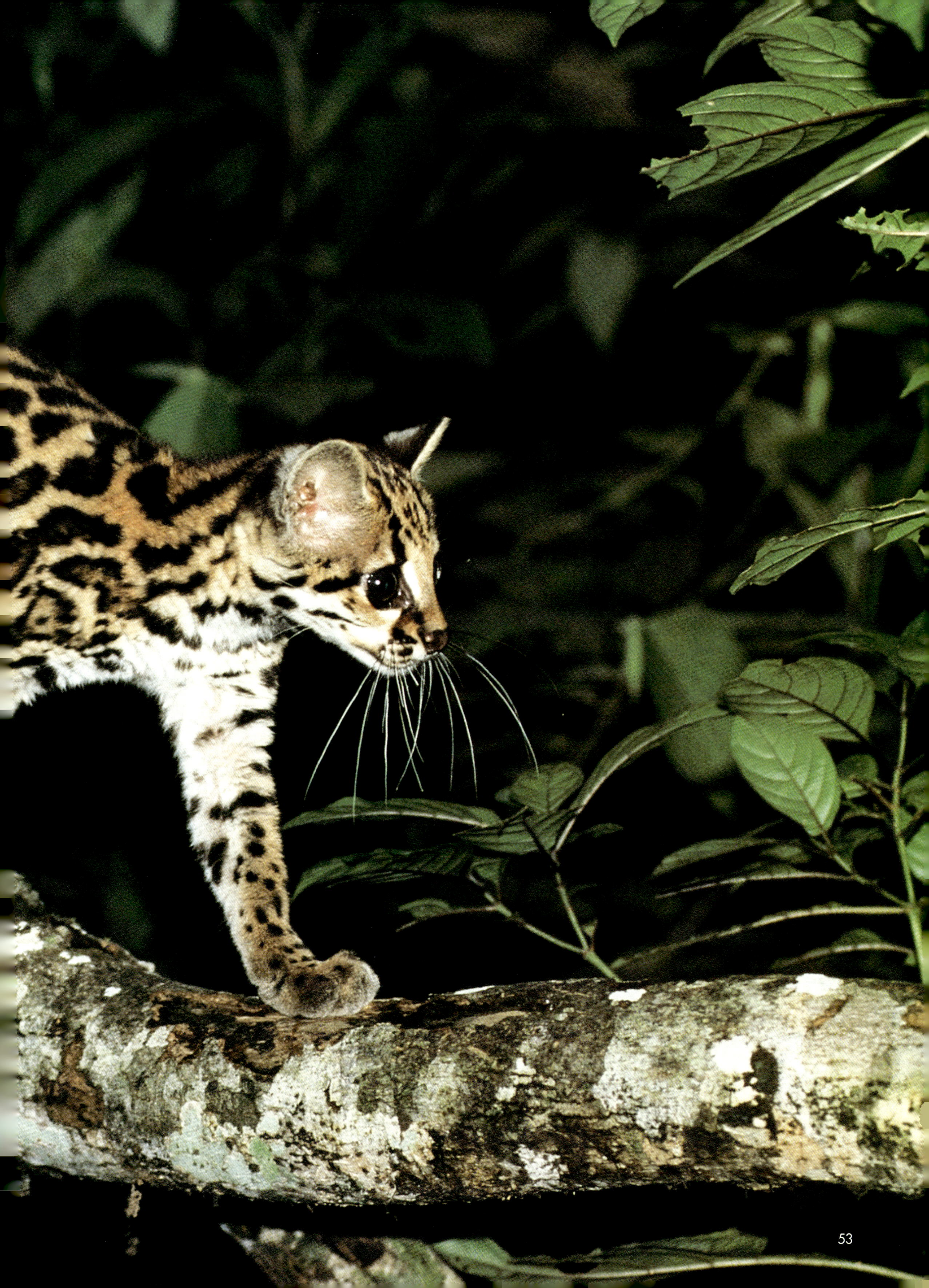

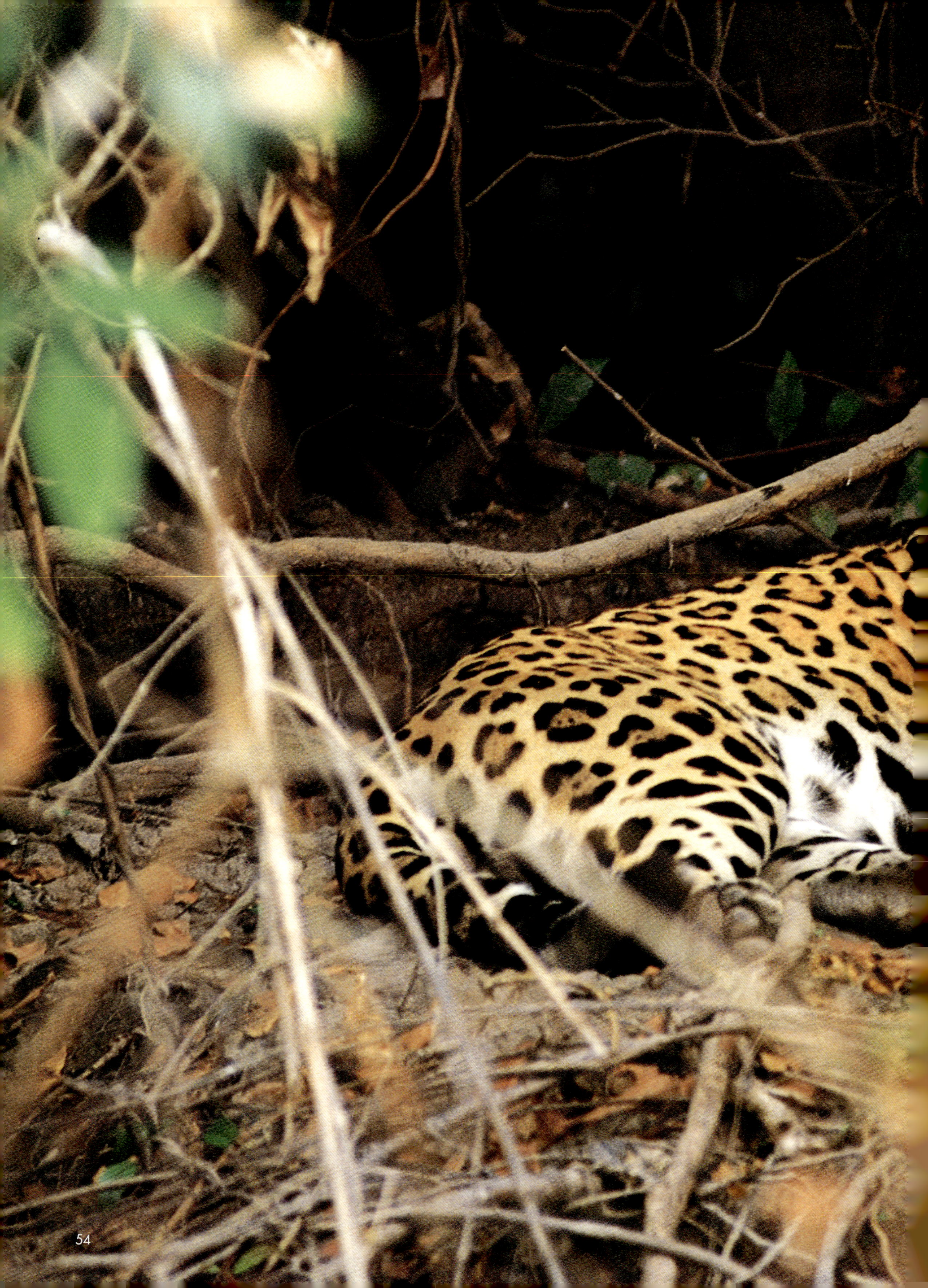

Panthera onca · Acurizal Reservation, Pantanal, Brazil

Chironius spec. • Manu NP, Peru

Freiheit vollzieht sich nur handelnd – wobei man nicht irgend etwas tut, sondern in diesem Handeln selbst als verantwortliches Wesen hervorgeht.
Johannes Gründel

La libertà si compie solo mentre si agisce – non tanto facendo qualcosa, ma comportandosi, nell'agire, da essere responsabile.

Johannes Gründel

La réalisation de la liberté ne se réalise que dans l'action. Il ne s'agit cependant pas de faire n'importe quoi, mais de se conduire dans l'action comme une personne responsable.
Johannes Gründel

Freedom can only be realized through action – whereby it is not a matter of just doing something but of emerging in this as a responsible being.
Johannes Gründel

Psychotria poeppigiana · Tambopata Reservation, Peru

Es ist kein Mangel, sondern ein Vorzug unserer Natur, wenn wir, entsprechend dem Endergebnis einer ehrlichen Prüfung, begehren, wollen und handeln.
John Locke

Non è un difetto, ma un pregio della nostra natura se per raggiungere il risultato finale di una prova onorevole, desideriamo, vogliamo ed agiamo.
John Locke

Ce n'est pas un défaut mais une qualité de notre nature que de désirer, de vouloir et d'agir après sincère reflexion.
John Locke

It is by no means a shortcoming but a merit of our nature, if we, after honest questioning, desire, want, and act.

John Locke

Chondropython viridis · Papua New Guinea

Cophixsalis spec. · Papua New Guinea

Es gibt keine Handlung, für die niemand verantwortlich wäre. Otto von Bismarck	Non esiste azione per cui non ci sia un responsabile. Otto von Bismarck	Il n'existe pas d'action dont personne ne soit responsable. Otto von Bismarck	There is no action for which no one is responsible. Otto von Bismarck

Litoria infrafrenata · Papua New Guinea

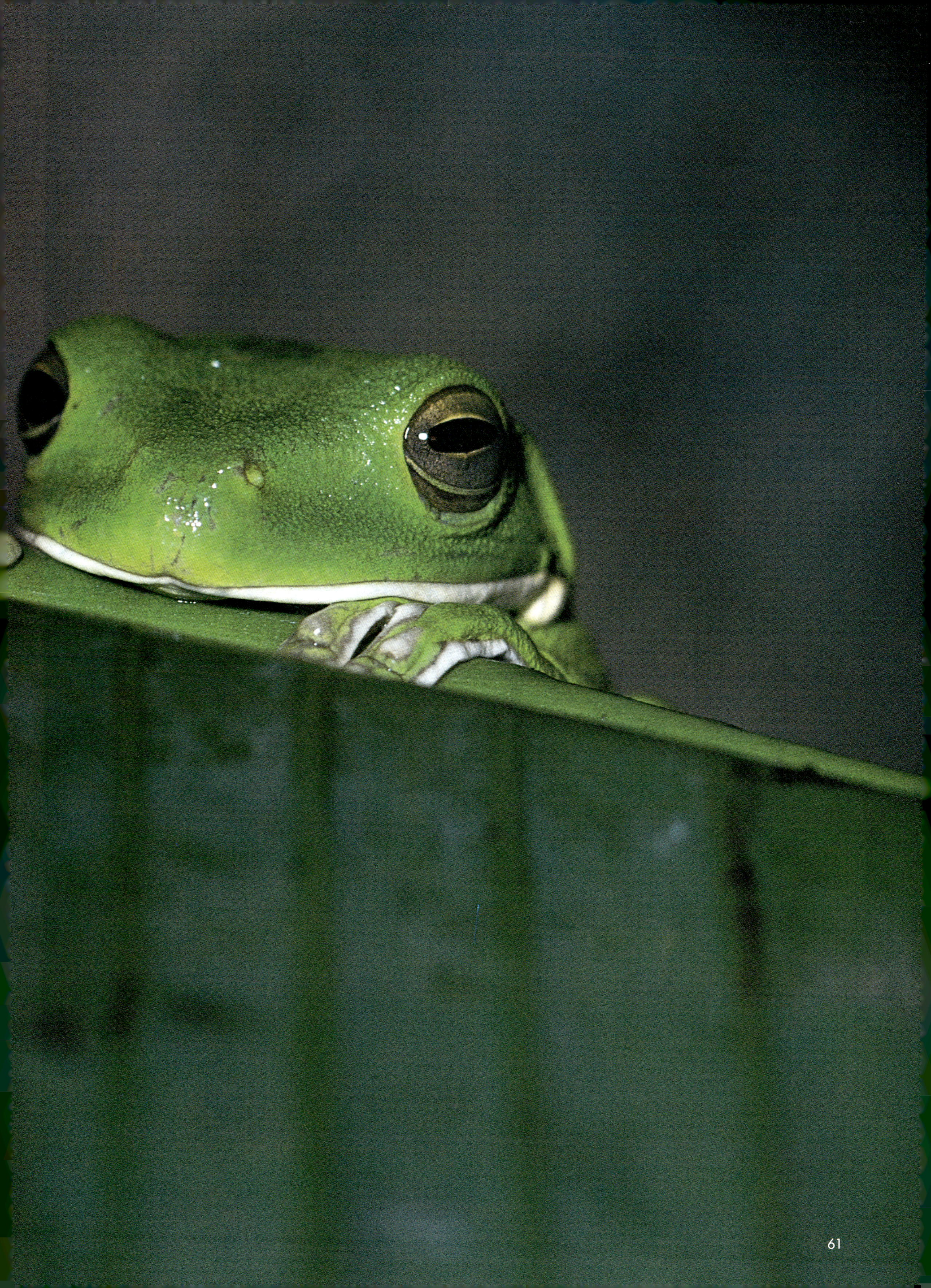

Hyla crepitans · Manu NP, Peru

Litoria gracilenta · Queensland Australia

Ethik ist ins Grenzenlose erweiterte Verantwortung gegen alles, was lebt. Albert Schweitzer	L'etica è responsabilità illimitata nei confronti di tutto ciò che vive. Albert Schweitzer	L'éthique, c'est la responsabilité sans limites envers tout ce qui est animé par la vie. Albert Schweitzer	Ethics is boundless responsibility for everything that lives. Albert Schweitzer

Pteronura brasiliensis · Pantanal, Brazil

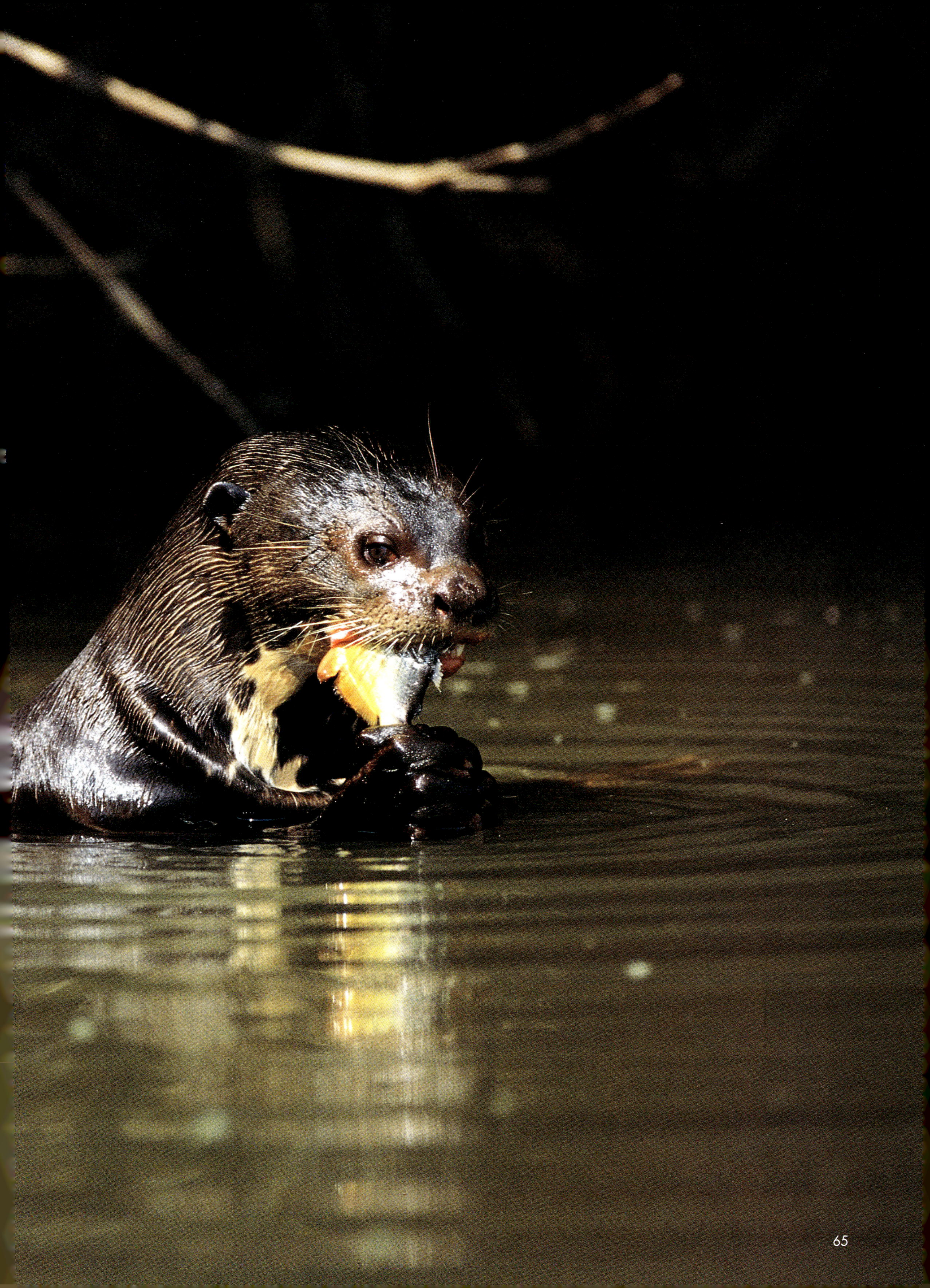

ETHICA HUMANA

Nachdem der Mensch nicht nur sich selbst, sondern der ganzen Biosphäre gefährlich geworden ist, muß nun neben der Vernunft auch das Gefühl eine bedeutende Rolle spielen, damit Ehrfurcht und Liebe unsere Dominanzwünsche bezwingen können. Es ist schwer, Verantwortung zu tragen für etwas, das man nicht liebt.
Hans Jonas

Ausgezeichnete aber ungefragte Eigenschaften: mäßig in der Rache, sanft in der Ahndung von Beleidigungen, zuverlässig im Wort, weder doppelzüngig noch geschmeidig, die Pflicht nicht nach den anderen beugen.
Michel de Montaigne

Definition des Wortes „Verantwortung"
In erster Linie sollte jeder die Verantwortung für sich selbst übernehmen, für seine Zuverlässigkeit, sein Selbstwertgefühl, sein Selbstvertrauen, seinen Fleiß, seine Friedfertigkeit, seine Fähigkeit zu Akzeptanz und Toleranz. In zweiter Linie sollte jeder die Verantwortung für sein familiäres Umfeld tragen; fürsorglich, liebevoll mit seinen Kindern, seinem Lebenspartner, seinen Familienangehörigen umgehen. In dritter Linie sollte jeder ideelle Lebenswerte beim Kampf um das Gemeinwohl und die Gesellschaft einsetzen und somit verantwortlich mithelfen, unser politisches und kulturelles Erbe weiterzuführen. Verantwortung bedeutet also die tägliche Bemühung, das Bestmögliche für sich selbst und die anderen zu erreichen, um das Leben lebens- und liebenswert zu gestalten.
Bärbel Sanavia, Wickeder Westfalenstahl, Wickede

Mobilität mit Verantwortung
1999 besteht der ADAC in Schleswig-Holstein 75 Jahre. Gegründet als „Allgemeiner Deutscher Automobilclub" ist der ADAC mit seinen 470 000 Mitgliedern in Schleswig-Holstein und 13,5 Millionen bundesweit die größte deutsche Organisation, die sich täglich um alle Verkehrsfragen kümmert. Außerdem ist der ADAC einer der größten Naturschutzverbände. Der ADAC tritt ein für Mobilität in Verantwortung vor Mensch und Natur. Mobilität ist ein menschliches Grundbedürfnis, dessen Erfüllung heute ohne Kraftfahrzeuge nicht mehr möglich ist. An der Schwelle des 21. Jahrhunderts sind daher intelligente Lösungen gefragt, die das berechtigte Bedürfnis der Menschen nach Mobilität unter gleichzeitiger weitgehender Schonung unserer Ressourcen sicherstellt. Dies ist in Ballungsräumen durch einen leistungsfähigen ÖPNV sicher einfacher als auf dem Lande. Es geht darum, die angemessenen Bedürfnisse der heute lebenden Menschen zu erfüllen, ohne die Chancen für folgende Generationen zu verschlechtern – frei von Ideologie und ohne den Anspruch, dazu allein die Patentrezepte in der Tasche zu haben.
ADAC Schleswig-Holstein

Verantwortung ist ein weitläufiger Begriff
Er bringt zum Ausdruck, daß eine Person oder eine Gruppe von Personen – oder der Mensch im allgemeinen – für eine Sache, ein Produkt oder eine Handlung einsteht bzw. sich dafür verbürgt. Dieses Pflichtbewußtsein gilt nicht allein und ausschließlich für die gesellschaftliche Entwicklung. Wir tragen darüber hinaus eine große Verantwortung für unsere Umwelt. Für die Erhaltung unserer Erde sowie der wunderbaren Flora und Fauna der letzten Naturparadiese müssen wir unser Tun und Handeln gegenüber unsere Erben verantworten.
Armin Schunk, adsour GmbH, Adorf/Vogtland

Verantwortung ist Überlegung
Für mich ist das Abwägen von Handlungs- und Ermessensspielräumen auf der Basis fachlich qualifizierter Überlegungen notwendig. Das allein reicht aber nicht! Die Verantwortung des einzelnen gegenüber Menschen, die ihm Vertrauen geschenkt haben, kann nur durch Ehrlichkeit und Leistungsbereitschaft erwidert werden. Leere Versprechungen führen auf Dauer zu unlösbaren Konflikten. So gilt es, die vielfältigen, oft voneinander divergierenden Interessenlagen und individuellen Ansprüche immer wieder zu vergleichen, zu überdenken und verantwortungsvoll neu zu formulieren.
Gottfried Baumann, Bürgermeister der Stadt Plauen

Verantwortung
… da drängt sich bei mir die Frage auf: „Verantwortung – wofür?" Je mehr ich darüber nachdenke, umso klarer zeichnet sich ein Gedanke ab: Verantwortung für die Zukunft unserer Kinder und Enkel und all derer, die danach kommen. Wie viel wird über Verantwortung geredet: verantwortlich für dies, für das – für große und kleine Dinge. Was ist sie denn wert, wenn sie nicht der Sicherung der Zukunft der folgenden Generationen dient? Daran sollte sich jeder messen lassen, und nur daran!
**Ekkehard Weigelt, Dipl.Ökonom,
Pausa/Vogtland**

Zwei und dreimal bedenke, was du zum Handeln dir vornimmst; Schaden stiftet der Mann, der überstürzt sich entschließt.
Pindar

Motett
Der Mensch lebt und bestehet
Nur eine kleine Zeit;
Und alle Welt vergehet
Mit ihrer Herrlichkeit.
Es ist nur einer ewig und an allen Enden,
Und wir in seinen Händen.
Matthias Claudius

L'uomo fa parte della natura

La natura è sempre stata nelle mani degli uomini, prima di tanti e, via via, sempre di meno. Finisce un secolo ed anche un millennio, in cui la natura ha visto diminuire l'attenzione nei suoi confronti. Salvo svegliarci di colpo e accorgerci dei rischi che stavamo correndo, trattandola da irresponsabili. Sì perché l'uomo fa parte della natura. Ricercando i dati per le aziende e cooperando con loro nello sviluppo di prodotti e strategie, conosciamo bene il significato di questa parola. Per questo siamo sicuri, che anche con il cambio di date, continueremo ad accrescere la forza della responsabilità, sia internamente nei confronti dei nostri collaboratori, sia esternamente verso i nostri clienti. È dall'interazione e dalla miscelazione di queste importanti risorse che la "natura" della nostra azienda continuerà ad operare, considerando la responsabilità come un privilegio del nostro patrimonio.
Patrick Standen – Chairman Infratest Burke Italia S.p.A., Milano

Essere responsabili ed avere delle responsabilità

Sta diventando sempre più facile limitare le nostre responsabilità: quando non bastano le leggi ed i giudici, ci facciamo scudo con la cultura, la furbizia e l'egoismo, scaricando colpe su genitori, figli, società, tecnologia, informazione … Di questi tempi molti hanno responsabilità, senza essere responsabili. Ma cosa vuol dire "Essere responsabili"? Penso che "essere responsabili" abbia molte affinità con il "rendersi conto". Entrando per la prima volta nei sotterranei di una metropolitana di una città sconosciuta, diventa di grandissimo aiuto trovare il cartello che riproduce, in scala, tutta la rete della metropolitana con la scritta "VOI SIETE QUI", di fianco ad un puntino rosso. Essere responsabili significa cercare, leggere e capire il cartello "VOI SIETE QUI": in quel momento ci "rendiamo conto".
Guido Aghem – Studio Aghem Professionisti Associati, Torino

La nostra arma vincente

Nel settore abbigliamento, pensato spesso come effimero e senza valori, ci sono aziende che invece fondano le loro basi proprio sull'affidabilità, efficienza e responsabilità. Crediamo che in un mercato sempre più difficile e selettivo questi tre valori acquistino sempre maggiore importanza, divenendo l'arma vincente per combattere una concorrenza improvvisata. Affidabilità, efficienza, responsabilità, coerenza – tutte nozioni che, nell'ambito aziendale si traducono in "fiducia". Fiducia da parte della clientela; fiducia da parte dei fornitori; fiducia da parte di tutte le persone che ruotano attorno alla nostra impresa. È importante perciò, che questo impegno non venga meno, per salvaguardarci un futuro migliore.
Marilisa Michelini – Gigliorosso Line SPA, Fossoli di Carpi (MO)

Un impegno attivo per la solidarietà

Quest'opera, realizzata a tiratura limitata, fa parte della collezione esclusiva delle Edizioni "Ethica Humana". Si propone di salvaguardare i valori e gli ideali della nostra società e l'assegnazione del "Premio Cultura" destinato nel 1999 ad Ai.Bi. Associazione Amici dei Bambini per il Progetto "Casa Aschiuta": una casa di accoglienza per i bambini di strada della Moldavia. FIORAUTO partecipa, ormai da anni, a questo progetto impegnandosi attivamente sul fronte della solidarietà e dell'etica. Una politica aziendale che ha saputo unire l'ottica di mercato all'impegno umanitario con la volontà di crescere insieme.
Alvaro Barillari – FIORAUTO Srl, Bologna

Più responsabilità nel nuovo millennio

Siamo arrivati alla fine del II millennio e ci accorgiamo che l'ambiente in cui viviamo non è più "vivibile" Ci chiediamo di chi è la responsabilità e ci accorgiamo che siamo noi i responsabili di questo "disastro" ecologico. Ognuno di noi, nel rincorrere la crescita del proprio paese ha trascurato l'ambiente, abbiamo costruito senza curare lo spazio intorno a noi, pensando che "un altro" si sarebbe occupato di salvare la natura. Oggi riflettiamo sull'inizio del nuovo Millennio e ci promettiamo di affrontarlo con più responsabilità; non trascurando nulla, ma mentre diciamo questo, facciamo scoppiare una guerra nei Balcani che ci aggiunge un altro disastro nell'ambiente: non solo ecologico ma anche umano.
Simonetta Tiberto, S. Apollinare (RO)

Essere responsabili

… vuol dire rispondere delle proprie azioni. "Devi essere più responsabile", "devi assumerti le tue responsabilità" … Quante volte una persona, a partire dall'adolescenza sino all'età adulta, si sente porre queste affermazioni con tono severo? Ma cosa significa responsabilità? Essere responsabile cioè rispondere delle proprie azioni. Quindi agire secondo coscienza ed essere consapevoli di ciò che si fa di fronte alla società in cui si è inseriti e si vive. Nel lavoro e nella vita quotidiana responsabilità vuol dire ottemperare ai propri compiti nel miglior modo possibile. Ma come si fa a conciliare la "responsabilità" con il fanciullino che, secondo Pascoli, deve rimanere in noi ed accompagnarci per farci apprezzare tutte le sfumature della vita? Dalla saggezza degli antichi romani, riceviamo la risposta: la verità sta nel mezzo.
Ing. Giuseppe Bosio – F.LLI BOSIO S.r.l., Castiglione Torinese (TO)

Viaggiare rispettando certi valori

La REZA PROGETTI S.r.l. nasce nel 1985. Nella sua crescita ha voluto creare non solo occupazione, ma rispetto per ogni singolo uomo. Nell'impegno costante verso nuove tecnologie, dove il Cliente pone la propria responsabilità, cerchiamo di raggiungere sempre nuovi traguardi senza per questo tralasciare l'obiettivo ultimo, cioè quello di "viaggiare rispettando certi valori dove la responsabilità di ogni singolo individuo contribuisce a raggiungere il vero fine". Efficienza e amore per il proprio lavoro sono le regole per andare sempre avanti, cercando ogni giorno di migliorare il proprio stato nella consapevolezza che l'azienda esiste fino a che ogni uomo che partecipa a questo progetto, rispettando queste regole, alimenta il suo crescere.
Maria Cristina Graziano – REZA PROGETTI S.R.L., Bruino (TO)

ETHICA HUMANA

Etre responsable c'est s'engager

La responsabilité, c'est la conscience de l'engagement à répondre de ses propres idées et actions, dans le temps et dans l'espace. Cet engagement peut être explicite ou, s'il reflète une qualité innée du sujet, implicite. La responsabilité naît de la proposition d'une idée ou à travers une action. C'est un comportement réciproque qui suppose une relation entre deux sujets qui l'un envers l'autre doivent répondre de quelque chose. L'équilibre d'une telle réciprocité permet le respect des engagements pris. Dans toute société, constituée de l'ensemble de tous les sujets, des rapports qu'ils entretiennent et de leurs comportements, chaque sujet a une certaine responsabilité envers tous les autres. Comme dans le cas de la force de gravité, chaque corps exerce sur les autres, et donc sur l'ensemble, une certaine action et en subit la réaction. Les seules parties qui ne peuvent assumer de responsabilités sont les parties imperceptibles, celles situées hors du temps et de l'espace.
CARISMA SpA – S. Alario d'Enza (Reggio Emilia)

Une petite entreprise, fiable et efficace

La société UVM a été créée à Turin en 1963, pour opérer dans le secteur des technologies mécaniques appliquées au monde de l'industrie. De la tradition entrepreneuriale piémontaise, l'entreprise a su aussitôt acquérir l'efficacité, en en faisant une des marques de son travail. Ses activités, conduites avec engagement et sens des responsabilités, ont permis d'instaurer un dialogue fondé sur l'estime et le respect de nos interlocuteurs. Au nombre de nos objectifs premiers: tenir compte des exigences du client et, partant, de celles des entreprises, mettre sur pied un rapport de travail et de collaboration sincère et constructive avec nos partenaires. Nous pensons qu'il est possible d'atteindre de tels objectifs en mettant en œuvre un sens personnel des responsabilités, qui se trouve être, outre la compétence professionnelle, la première qualité que nous exigeons de nos collaborateurs. Les résultats obtenus depuis 1963 et les références que nous sommes aujourd'hui en mesure de présenter, confirment la justesse du choix que nous avons opéré, autrement dit que nous nous sommes engagés sur la bonne voie, qui n'est certes pas la plus facile. Cette longue présence sur le marché et les succès remportés grâce à de nouvelles initiatives, qui ont débouché sur une extension de nos activités qui aujourd'hui vont du secteur des machines-outils et de la production industrielle, aux simulations graphiques et à la réalité virtuelle, nous conduisent à penser que nous avons créé un groupe de personnes sur lequel il est possible de compter, ayant su donner vie à une entreprise fiable avec l'objectif de transmettre aux générations futures les valeurs fondamentales portées par Ethica Humana.
UVM Srl, Turin

L'homme appartient à la Terre

»La terre n'appartient pas à l'homme, c'est l'homme qui appartient à la terre. Toutes les choses sont liées entre elles, comme le sang qui tous nous unit. L'homme n'a pas produit le tissu de la vie, il n'en est qu'un fil. Quoiqu'il fasse à ce tissu, c'est à lui-même qu'il le fait«. Bien que provenant d'une culture très éloignée de la nôtre puisqu'on la doit à un chef Seattle, cette réflexion a le mérite de nous ouvrir les yeux sur la réalité d'aujourd'hui. Nous vivons dans un monde voué à la technologie et à la recherche d'instruments à même de nous permettre d'atteindre un niveau de bien-être de plus en plus élevé, mais nous ne percevons plus l'importance du rôle que la nature devrait jouer dans un tel projet. Nature qui nous demande de ne pas être malmenée, pour éviter que notre objectif, le bien-être, ne soit transformé en son contraire. Nous ne pouvons pas demander aux institutions d'apporter à elles seules une solution au problème. Nous devons avant tout apprendre à regarder la réalité avec les yeux du chef Seattle et enseigner à nos enfants à en faire autant.
Pietro Barbieri – Jungheinrich italiana, Trezzano Sul Naviglio (Milan)

Un rendez-vous à ne pas manquer

Le rendez-vous auquel le hasard nous a conviés est de ceux à ne pas manquer. Tout un chacun éprouve une sensation d'étonnement et d'émerveillement en pensant que, né est dans le millénaire de Dante, de Frédéric II, de Saint-François, de Michel-Ange, de la conquête de la lune, de Mère Teresa, nous survivons pour entrevoir l'aube d'une ère nouvelle, renfermant les espérances les plus légitimes de progrès, de paix et de prospérité, auxquelles il est de notre devoir moral de contribuer. Chez Elettrodel, société basée à Syracuse et opérant en Sicile dans la production d'installations électriques pour l'industrie, chacun a la conviction que la réalisation d'objectifs communs, à travers un engagement de tous les jours, le soutien mutuel dans les difficultés et le partage des joies et des succès, ont en quelque sorte contribué à construire l'histoire du millénaire, fait des idées, des espérances, des sentiments, des expériences et des projets des femmes et des hommes du XXème siècle. Notre souhait est d'aller de l'avant, en pleine harmonie, sur cette route tracée devant nous par le troisième millénaire.
Carla Delfino – Elettrodel Srl, Syracuse

Les exemples actuels d'altruisme sont indéniables, et ils ne sont ni rares ni totalement impuissants. Notre monde abonde littéralement en petits mouvements qui inscrivent l'altruisme et la fraternité sans conditions ou exclusives à leur blason. Ces groupes sont généralement constitués par des hommes et des femmes encore jeunes. S'ils désirent la paix, ils ne sont pas forcément inspirés par la crainte de perdre certains conforts, de voir leurs intérêts personnels et leurs biens menacés. Le respect de la Nature, la compassion pour le prochain, l'individualité libre de l'homme font partie de leur étique. Le bien-être social au sens large est à la fois la raison et le but de leur action. Ils tentent de réconcilier et d'unir la liberté individuelle et la responsabilité sociale.
Armand Courtois

The right to personal freedom has to be properly assessed, if one is to avoid the danger of offering no resistance, for freedom can often only grow and become clearer if it meets with resistance.

We tend to do the things we know how to do, instead of trying to do the things we ought to do.
R. Anshen

As employers
… who assume responsibility not just for our families but also for our employees and their families, we should busy ourselves with the concept of responsibility and conceive attitudes reflecting the teachings of responsibility which can function as the basis of our life together. The child at nursery-school, the child at school, the apprentice, the student, the working man or woman, married couples and, in particular, the leader who is responsible for others must live a life of responsibility towards themselves and their fellow-men, marked by intellectual, religious and economic concerns.
Günter Behrens, Firma Heinrich Paars, Essen

No one knows
… what the future will bring. We know, however, that our Spacecraft Earth is, at this very moment, in relation to the degree of latitude 52 degrees north where I am presently to be found, shooting at a speed of approximately 1570 km/hr from West to East. If I were to be found at the equator then the speed here would be 1660 km/hr, owing to the greater circumference of the Earth. At the same time our Earth is orbiting around the sun at the speed of 106 658 km/hr in order to cover the required total distance of 942 000 000 km in the 365 days of a year. The sun is moving at a speed of 49 000 km/hr towards the star Vega, while Vega and the sun are themselves orbiting at the breathtaking speed of 1 120 000 km/hr round the centre of the galaxy which itself rotates at a speed of 894 960 km/hr. Our galaxy moves in relation to all the other galaxies which race at speeds of 1 600 000 km/hr through the universe. And we know what yesterday brought. We live in the balance between the past and the future, second by second this drips into our consciousness. And for this reason we should use our common sense when we direct our steps into the future, and not simply dismiss the past. The forms of behaviour and the knowledge that man has acquired between the macrocosm and the microcosm in the course of thousands of years can help maintain the balance between the past and the future, whereby there is nonetheless a constant danger and temptation to indulge in incorrect behaviour in relation to the realization of tomorrow's world. Those who know where they come from will know where they have to go and that with certainty.
Prof. Dr. Ing. Lothar Otto, Hochschule für Technik und Wirtschaft, Mittweida

Trust means responsibility
Trust as a part of life together is a precondition for mutual respect. Trust must be created and earned through one's own reliability.
Trust which is imparted in us means responsibility for our own doings. Trust and responsibility are mutually dependent on each other and form the basis of an adequate life together in both the family and society. Without trust and practical responsibility man will but wipe himself out and the end of humanity will loom.
Manfred Knorpp, Volks- u. Raiffeisenbanken Aue

Responsibility involves careful consideration
The weighing up of room for manoeuvre and discretionary powers on the basis of qualified expert consideration is a very necessary part of my work. But often it is not enough. The responsibility of any individual towards people who have put their trust in him can only be returned through honesty and willingness to work. Empty promises lead in the long run to insoluble conflicts. What really counts is the constant weighing up of manifold, often divergent interests and individual claims, their care0ful consideration and responsible reformulation.
Gottfried Baumann, Bürgermeister der Stadt Plauen

Responsibility for life
A child is born – what a joyous event for the family. Unknowingly, instinctively, without any powers to make decisions or to influence matters, the infant "trusts" at the outset, just like the young child later, in the loving care and security provided by the family. Parents, in particular, assume responsibility for this so easily impressionable – so malleable – little creature. They have to answer for the misdemeanours of their charges but much more for the mental and psychic development and attitudes of what is the next generation. Those who learn to assume responsibility for life, who serve not just their own interests but those of the community at large can count themselves lucky: parents who assume responsibility for the development of their children, teachers and educators for the knowledge and behaviour of their pupils, politicians and leading industrialists for social and political peace at home and abroad. Conrad Wilhelm Röntgen, Otto Hahn, Graf Staufenberg, Nelson Mandela and many others have exemplified this sense of responsibility through their own life. The world lives from people who do more than their duty – even though their names will in the main never find a mention in the history books.
Christian Haidan, Bürgermeister der Gemeinde Adorf/Vogtland

ETHICA HUMANA

3

Phaetornis hispidus · Tambopata Reservation, Peru

Vergessen ist von vielen längst
die Freiheit der Anspruchslosen.
Hans Dollinger Ethica Humana 81

Molti non sanno più apprezzare
la libertà di chi è senza potere.
Hans Dollinger Ethica Humana 81

Pour beaucoup oubliée est la libertè
des modestes et des simples.
Hans Dollinger Ethica Humana 81

What many have long since forgotten
is the freedom of the unambitious.
Hans Dollinger Ethica Humana 81

LIBERTAS
Freiheit
Libertà
Liberté
Freedom

Glaucis hirsuta · Tambopata Reservation, Peru

Menura novaehollandiae · Washpool NP, NSW, Australia

Menura novaehollandiae · Washpool NP, NSW, Australia

Ptilonorhynchus violaceus · Lamington NP, QLD, Australia

Psychotria poeppigiana · Tambopata Reservation, Peru

Platycercus elegans · Lamington NP, QLD, Australia

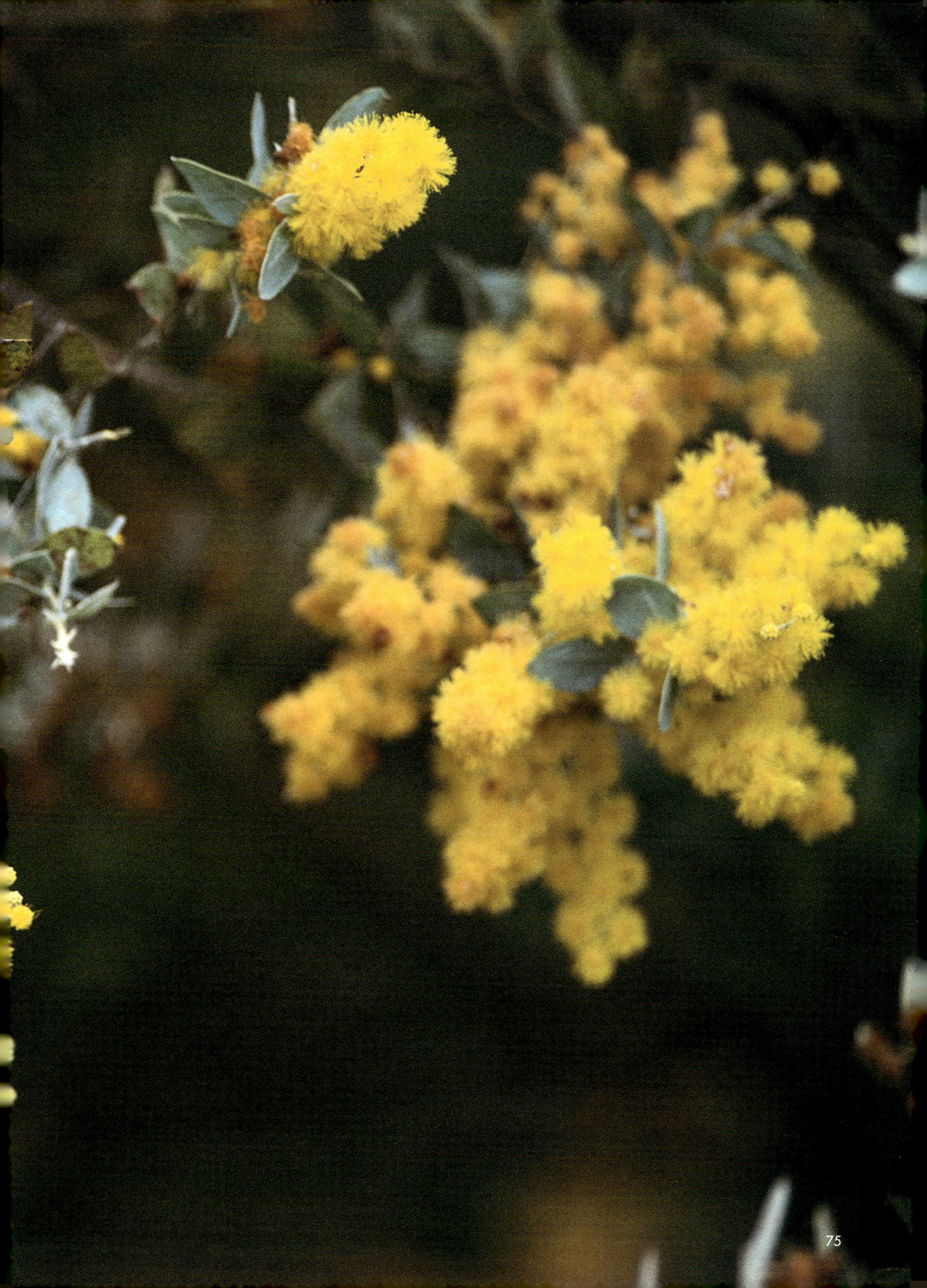

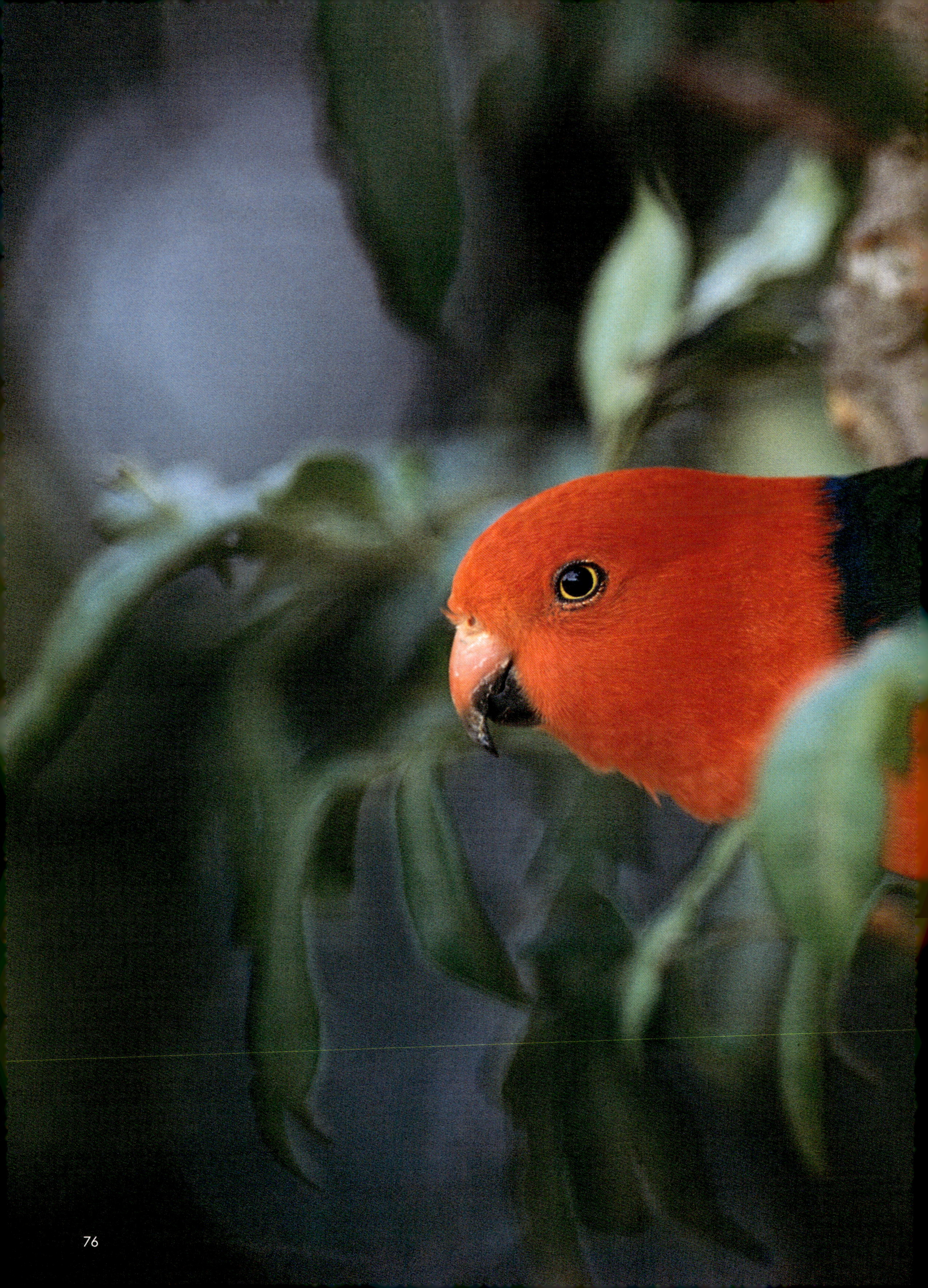

Alisterus scapularis • Lamington NP, QLD, Australia

Trichoglossus haematodus · QLD, Australia

Der Wille muß eine Richtung haben und die Veränderung ein Ziel, weil die Veränderungen Utopien zur Wirklichkeit werden lassen. Olof Palme	La volontà deve avere una direzione ed il cambiamento uno scopo, perché i cambiamenti fanno diventare realtà le utopie. Olof Palme	La volonté doit avoir une direction et le changement un but, car les changements transforment les utopies en réalités. Olof Palme	Will must have a definite direction and change a definite goal, because changes can allow utopias to become reality. Olof Palme

Trichoglossus haematodus · QLD, Australia

Wir teilen uns dieselbe Welt. Wir teilen uns dieselbe Zukunft. Deshalb müssen wir zusammenarbeiten.
Tage Erlander

Condividiamo lo stesso mondo. Condividiamo lo stesso futuro. Perciò dobbiamo collaborare.
Tage Erlander

Nous partageons le même monde. Nous partageons le même avenir. C'est pourquoi nous devons œuvrer ensemble.
Tage Erlanger

We share the same world. We share the same future. For this reason we must work together.
Tage Erlander

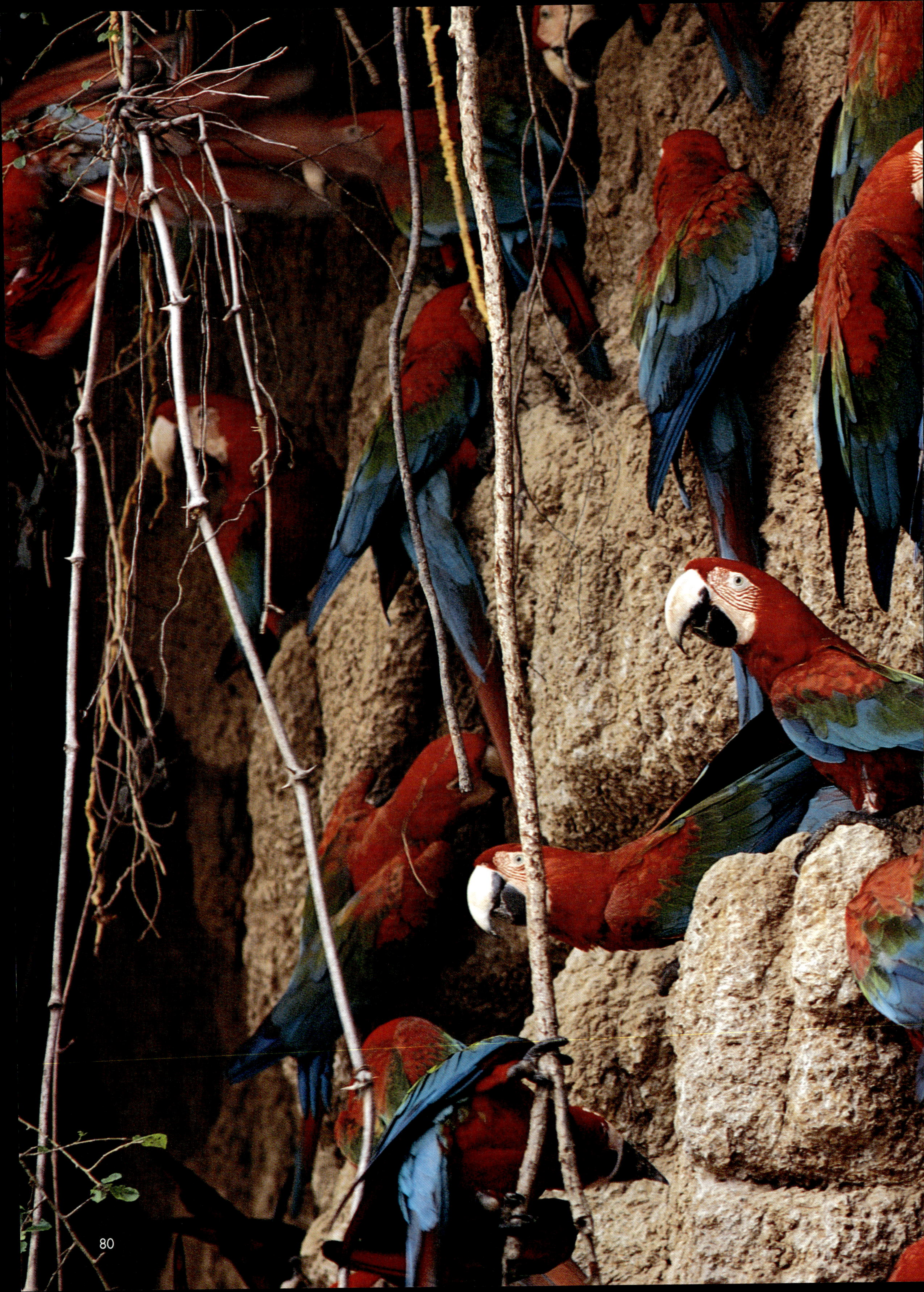

Ara chloroptera; Ara macao • Rio Manu, Manu NP, Peru

Ramphastos toco · Pantanal, Brazil

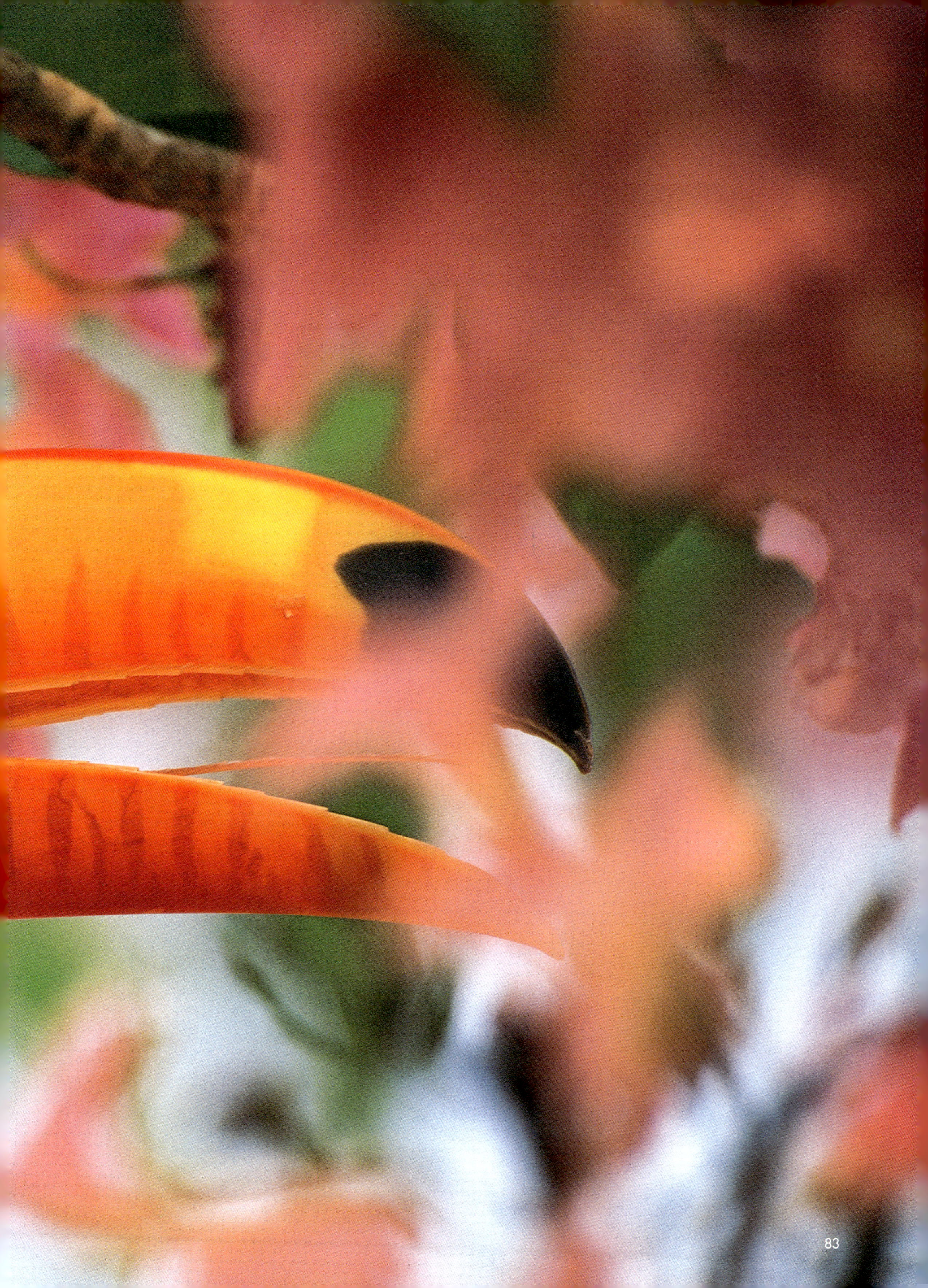

Ramphastos toco · Argentina

In seiner Lauterkeit ist des Menschen wirkliche Beschaffenheit erkennbar.
Michel de Montaigne

Nella sua onestà si riconosce la vera natura dell'uomo.
Michel de Montaigne

C'est dans l'intégrité qu'on reconnaît la véritable nature humaine.
Michel de Montaigne

In his honourableness we can recognize the true nature of man.
Michel de Montaigne

Ramphastos sulfuratus · Latin America

Das Handeln wird bestimmt durch unser Wesen und die Umstände. Michel de Montaigne	Il comportamento è determinato dalla nostra natura e dalle circostanze. Michel de Montaigne	Les circonstances et notre nature déterminent nos actions. Michel de Montaigne	Our actions are determined by our nature and circumstances. Michel de Montaigne

Pantanal, Brazil

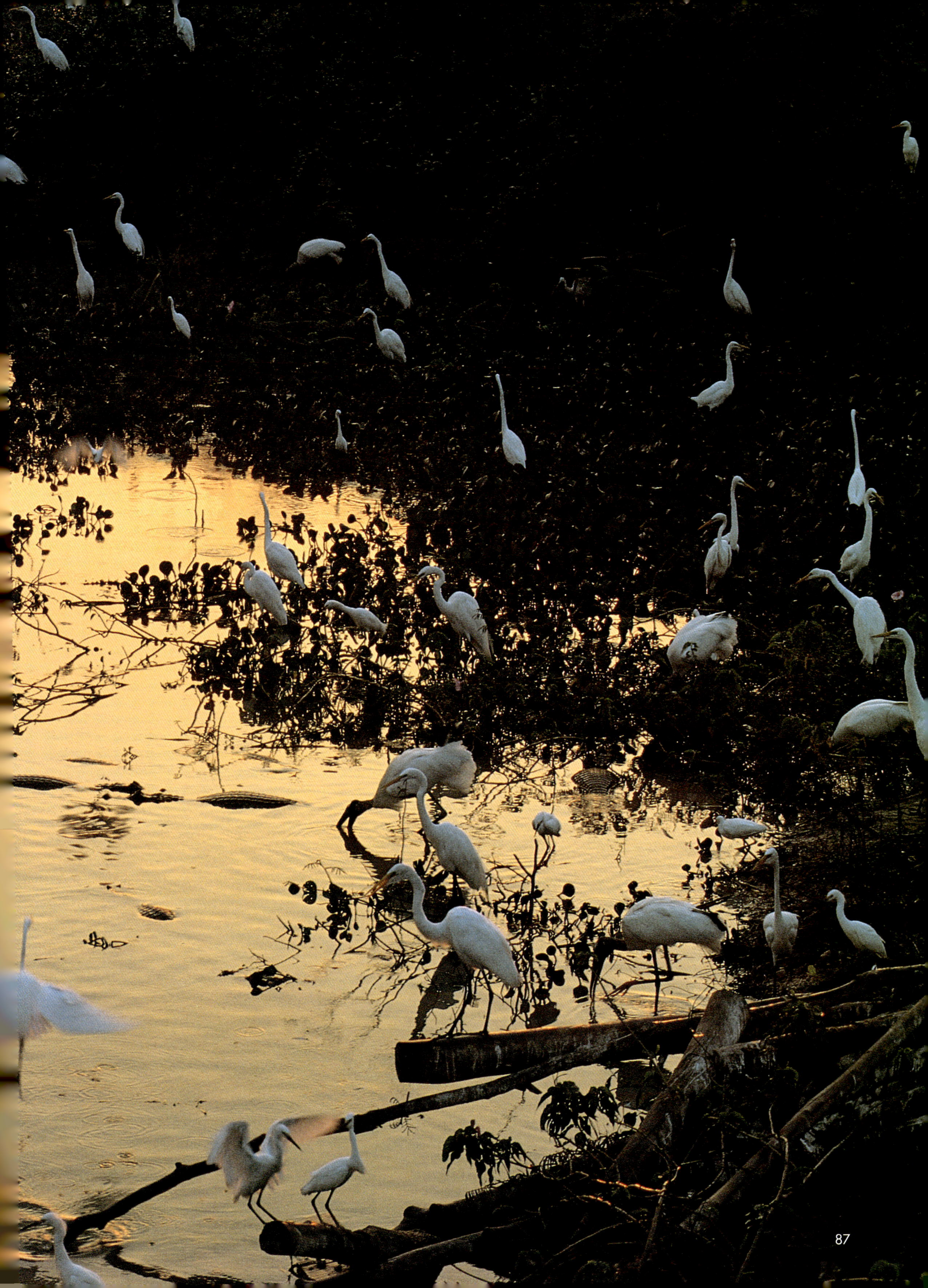

Phaetornis superciliosus · Manu NP, Peru

Egretta alba · Pantanal, Brazil

Absolut aus Tugend handeln, ist in uns nichts anders als nach der Leitung der Vernunft handeln, leben, sein eigenes Sein erhalten (diese drei Ausdrücke bezeichnen dasselbe) auf der Grundlage, daß man den eigenen Nutzen sucht.
Baruch de Spinoza

Agire interamente secondo virtù, in noi non è altro che agire secondo la ragione, vivere, essere se stessi (designando queste tre espressioni lo stesso concetto), perseguendo il proprio tornaconto.
Baruch de Spinoza

Agir, foncièrement mûs par la vertu, revient à agir, vivre, réaliser sa propre essence (ces trois données en recouvrent une) sous la houlette de la raison en se basant sur la recherche de son propre avantage.
Baruch de Spinoza

Acting purely out of virtue is nothing other than acting according to reason, living, preserving one's own being (these three expressions stand for the same thing) on the basis of seeking one's own advantage.
Baruch de Spinoza

Egretta alba · Pantanal, Brazil

Pithecophaga jefferyi · Mindanao, Philippines

Tatsächlich bin ich für alles verantwortlich, außer für meine Verantwortlichkeit selbst, denn ich bin nicht die Grundlage meines Daseins. Jean-Paul Sartre	Sono davvero responsabile di tutto, tranne che della mia stessa responsabilità, perché io non sono causa della mia esistenza. Jean-Paul Sartre	Je suis véritablement responsable de tout, sauf de ma propre responsabilité, puisque je ne suis pas la base de mon existence. Jean-Paul Sartre	Of course I am responsible for everything, except, that is, for my responsibility itself, for I am not the basis of my existence. Jean-Paul Sartre

Casuarius casuarius · Tam O'Shanter State Forest, QLD, Australia

Goura victoria · Papua New Guinea

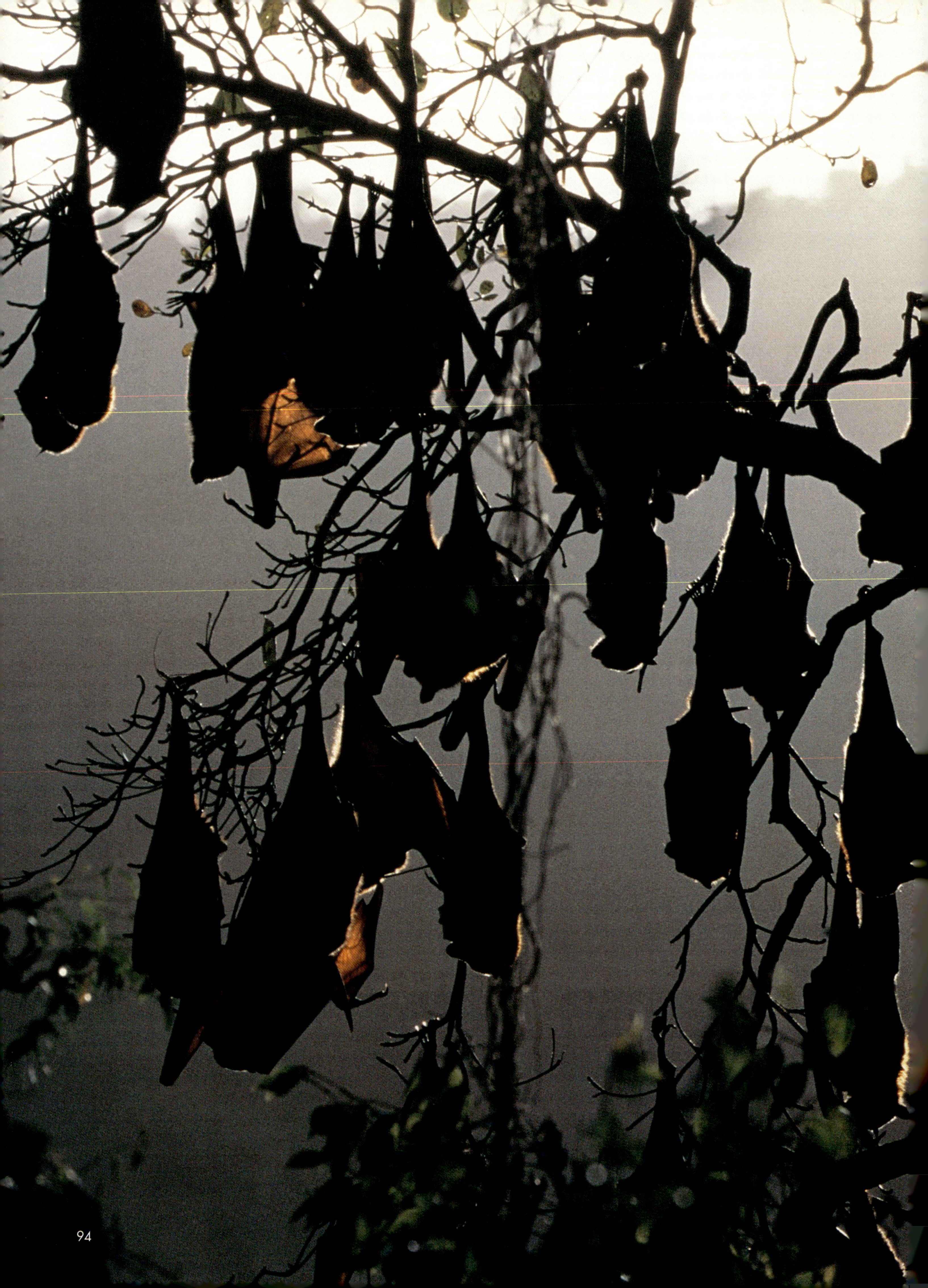

Pteropus alecto Hook Island, QLD, Australia

Ramphastos toco · Iguazu NP, Argentina

ETHICA HUMANA

Es ist unsere Verpflichtung, unsere Kenntnisse zu vertiefen, selbständig zu denken und unsere Ideen in einer persönlichen Überzeugung zu verankern. Das nimmt sich vielleicht weniger grandios aus. Aber darin liegt unsere Freiheit und unsere Ehre.
Olof Palme

Als Unternehmer
… die wir Verantwortung nicht nur für unsere Familien, sondern auch für unsere Mitarbeiter und deren Familien übernehmen, sollten wir uns mit dem Begriff der Verantwortung auseinandersetzen und als Ergebnis des Eindenkens in Teilbereichen die Lehre der Verantwortung konzipieren, die Grundlage für unser gesellschaftliches Zusammenleben sein kann. Bereits das Kind im Kindergarten, das Schulkind, der Auszubildende, der Studierende, der Berufstätige, der Ehepartner und ganz besonders der für andere verantwortliche Führer muß im Wirtschaftlichen, im Geistigen oder Geistlichen in der Verantwortung gegenüber sich selbst und seinen Mitmenschen leben.
Günter Behrens, Fa. Heinrich Paars, Essen

Verantwortung ist ein Stück Unternehmenskultur
Mit Verantwortung müssen wir umgehen, kaum daß wir lesen und schreiben können. Sobald wir die Schule besuchen, sind wir für unsere Zeugnisnoten verantwortlich, machen wir unseren Führerschein, heißt die Verantwortung Sicherheit im Straßenverkehr, und so geht es weiter: wir haben Verantwortung in Ehe und Familie, wir haben Verantwortung im Beruf. Verantwortung ist also ein ständiger Bestandteil unseres Lebens und man sollte meinen, wir können damit umgehen. Können wir es wirklich? Bleiben wir im beruflichen Leben, wo Verantwortung eine ganz besondere Rolle spielt, wo falsche Entscheidungen hohe Verluste und gescheiterte Karrieren bedeuten können. Kaum jemand am Beginn einer beruflichen Laufbahn kann den Tag erwarten, an dem er endlich Verantwortung übernehmen darf. Aber nicht jeder weiß, auf was er sich da einläßt. Denn Verantwortung ist nicht nur erfolgsorientiert. Verantwortung heißt auch, eine Verpflichtung zu übernehmen. Als Chef eines Unternehmens mag man Verantwortlichkeiten delegieren, die Verantwortung für die Ergebnisse aber nimmt einem niemand ab. Über den leistungsorientierten Rahmen hinaus gibt es eine weitere Chef-Verantwortung: die für das Wohlergehen der Mitarbeiter. Der Chef trägt Verantwortung für persönliche Lebensentwürfe und berufliche Planungen, er muß Mitarbeiter fördern und motivieren, er muß sie zu Erfolgen führen und im Ernstfall für ihre Fehler einstehen. Verantwortung in diesem Sinn ist eine ethische Verpflichtung, und in Konsequenz heißt Verantwortung auch, sich zu rechtfertigen für das eigene Handeln, im besonderen Fall eben auch für die berufliche Lebensqualität der Mitarbeiter. Wer dieser Verantwortungsethik folgt, hat ein gutes Stück Unternehmenskultur begründet.
Marinus Biemans, Geschäftsführer der Westhyp Immobilien Holding GmbH, Dortmund

Laß uns daran denken, das Land zu führen, das wir lieben – Gottes Segen und Beistand erbittend, aber wohlwissend, daß hier auf Erden die Arbeit, die er getan sehen will, treu von uns selbst verrichtet werden muß.
John F. Kennedy

Innovative Reserven mobilisieren
Eine unternehmerische Erfahrung besagt: Nicht alle erfolgreichen Unternehmen sind innovativ – aber alle Innovationen sind erfolgreich! Insbesondere die mittelständischen Unternehmen sind durch ihre Flexibilität und Dynamik in der Lage, innovativ auf Veränderungen am Markt zu reagieren. Die Technologiezentren sind darauf ausgerichtet, diese Innovationskraft der mittelständischen Betriebe zu fördern und zu stärken. Dazu bedienen sie sich regionaler, nationaler und internationaler Netzwerke von Wirtschaft, Wissenschaft und Politik.
Hans-Jürgen Uhlmann, Business and Innovation Centre (BIC) Zwickau GmbH

Zusammenleben mit Behinderten
Größtenteils beschränkt sich das gesellschaftliche Zusammenleben mit behinderten Menschen darauf, sie aus „sicherer Entfernung" gut behütet zu sehen, deren Mitarbeiter und Initiatoren zu loben – die Gewissen sind beruhigt. Sicher ist die Betreuung und Förderung dort richtig und wird auch immer notwendig sein, aber das reicht wohl für ein „Zusammenleben" nicht aus. Für mich liegt die Verantwortung gegenüber behinderten Menschen darin, sie in unsere, wie wir glauben „normale" Welt zu integrieren. Nur wir „Nichtbehinderte" sind dafür verantwortlich, daß diese Menschen noch immer in einer Isolation am Rande der Gesellschaft leben müssen. Wir sollten endlich bereit sein, zwischenmenschliche Kontakte zu ihnen zu knüpfen, denn die „anderen" sind sicher längst dazu bereit.
Katrin Friedrich, Lebenshilfe Auerbach e.V.

Ursache des Bösen ist die Unkenntnis des Besseren.
Demokrit

Der Panther
Sein Blick ist vom Vorübergehn der Stäbe
So müd geworden, daß er nichts mehr hält.
Ihm ist, als ob es tausend Stäbe gäbe
Und hinter tausend Stäben keine Welt.

Der weiche Gang geschmeidig starker Schritte,
der sich im allerkleinsten Kreise dreht,
ist wie ein Tanz von Kraft um eine Mitte,
in der betäubt ein großer Wille steht.

Nur manchmal schiebt der Vorhang der Pupille
Sich lautlos auf –. Dann geht ein Bild hinein,
geht durch der Glieder angespannte Stille –
und hört im Herzen auf zu sein.
Rainer Maria Rilke

Raggiungere gli obiettivi assegnati

Responsabilità è prendere coscienza dei fatti e decidere di conseguenza? È assumersi la paternità delle decisioni prese? È portare al successo il compito che qualcuno ci ha affidato? È comporre il mosaico delle capacità e delle professionalità che costituiscono il team di lavoro per raggiungere l'obiettivo stabilito? È tutto questo e altro. Dopo anni bui si riscopre l'etica. Non basta quindi e forse non vale operare responsabilmente se non si assumono parimenti comportamenti corretti. Il mondo ci propone ad ogni passo delle sfide che possono essere accettate o rifiutate; la responsabilità della decisione deve prevedere, per il raggiungimento del fine che ci siamo proposti, di mettere in atto comportamenti conformi alle regole stabilite. Quindi responsabilità è raggiungere, nel contesto in cui si opera, gli obiettivi assegnati a ciascuno utilizzando, nel rispetto delle capacità e delle professionalità dei singoli collaboratori, le risorse messe a disposizione ed adottare le decisioni opportune mantenendo un codice etico di comportamento.

Daniela Canciani – Nuova Quadri Elettrici Milano SPA – Milano

Collaborazione tra privato ed Università

Laboratori di ricerca dell'Università di Pisa realizzati all'interno della strutture Ecolevante e Waste Reycling. Si è realizzato un progetto di collaborazione tra privato ed Università che permetterà di associare l'attività di raccolta e trattamento dei rifiuti con quella di ricerca. Grazie ad una convenzione stipulata tra l'Università e le Società Ecolevante e Waste Recycling, all'interno della struttura di queste ultime in S. Croce sull'Arno in Provincia di Pisa, avviati i nuovi Laboratori di Ricerca e Sviluppo della Facoltà di Chimica Industriale dell'Università di Pisa. I Laboratori, perfettamente attrezzati su una superficie di 1000 mq circa, saranno dedicati ad un'attività di ricerca/sviluppo nel settore del controllo dell'inquinamento ambientale e dei processi di produzione di materiali a basso impatto ambientale, così da poter fornire un valido supporto di ricerca a vari livelli per industrie attive nei settori della trasformazione di materie plastiche ed elastomeri, nella produzione di vernici, adesivi, tessuti e pelli conciate. Entrando nei particolari tecnici, le linee di attività del Laboratorio. saranno riconducibili al controllo ed alla riduzione dell'impatto ambientale di affluenti gassosi, acque reflue, rifiuti solidi, riciclo e riuso di materiali polimerici, sviluppo di processi per la preparazione di materiali composti a base di polimeri e materiali sintetici e naturali. Il progetto di collaborazione con l'Università di Pisa rappresenta un passo avanti importante nel complesso delle attività fino ad oggi svolte dalle società Ecolevante e Waste Recycling che, seguendo il filo conduttore della nuova normativa nel sistema di gestione dei rifiuti, hanno inoltre realizzato un Impianto di Selezione, innovativo ed efficace, finalizzato al riutilizzo, riciclaggio e nobilitazione dei rifiuti. Questo Impianto di Selezione, semiautomatico e con cabina di cernita, è in grado di ottenere, a partire dai rifiuti conferiti da svariate tipologie di aziende, partite omogenee di materiali come carta, plastica, legno, materiali ferrosi e frazioni organiche, che soddisfano in pieno le esigenze qualitative dei riutilizzatori finali, recuperando fino al 50% dei rifiuti in ingresso all'Impianto. Con i Laboratori e l'Impianto di Selezione le società Ecolevante e Waste Recycling, hanno aggiunto due importanti tasselli al complesso sviluppato su un'area coperta di 8000 mq nel territorio a cavallo tra i Comuni di Castelfranco di Sotto e S. Croce Sull'Arno, nel quale le stesse società esercitano già da anni l'attività di trasporto, stoccaggio e selezione di rifiuti solidi, oltre al trattamento di reflui allo stato liquido mediante i propri impianti di essiccazione acque oltre al depuratore biologico e chimico-fisico.

Antonio Lapolla – ECOLEVANTE S.p.A., S.Croce Sull'Arno (PI)

Un appuntamento irripetibile

L'appuntamento cui la sorte ci ha destinato è di quelli irripetibili. Una sensazione di stupore e meraviglia pervade chiunque si soffermi a pensare che, nati nel millennio di Dante Alighieri, di Federico II, di San Francesco, di Michelangelo, della conquista della Luna, di madre Teresa, noi sopravviviamo per intravedere l'alba di una nuova età. un'alba che contiene le speranze più legittime di progresso, pace e prosperità, cui ognuno di noi, ha l'obbligo morale di contribuire. Tutti noi della Elettrodel S.r.l., società di costruzione di impianti elettrici industriali che ha sede in Siracusa ed opera in Sicilia, crediamo che con il nostro impegno quotidiano, il raggiungimento di traguardi comuni, il sostenersi reciprocamente nelle difficoltà e la condivisione delle gioie e dei successi, abbiamo in qualche maniera contribuito alla storia del nostro millennio: fatto con le idee, le speranze, i sentimenti, le esperienze ed i progetti delle donne e degli uomini del Novecento. L'augurio è che si possa proseguire in armonia, incamminandoci insieme sulla strada che il Duemila sta già tracciando per noi.

Dr.ssa Carla Delfino – Elettrodel S.r.l., Siracusa

Responsabilità ossia consapevolezza

Responsabilità vuol dire consapevolezza che una volta preso un impegno bisogna sacrificarsi per portarlo a termine. Si dovrebbe essere responsabili in tutti i momenti della giornata: nel lavoro, negli affetti, nel divertimento, in ogni attimo della nostra vita. Purtroppo, in una società complessa come la nostra, il senso di responsabilità risulta affievolito. Spesso e volentieri si delega ad altri la responsabilità delle cose che accadono. Ci si nutre di luoghi comuni, ad esempio se si vive nel "disordine" politico, la colpa viene attribuita a chi ci governa; se aumentano i fenomeni di degrado che compromettono, in modo spesso irreversibile, l'equilibrio di molti ecosistemi, si presume che ciò avvenga perché al progresso tecnologico non seguono delle politiche adeguate in materia ambientale; se aumenta la criminalità, la colpa viene data alla società che ha negato all'individuo la possibilità di fare delle scelte di vita diverse. Ma in una società dove l'individuo è deresponsabilizzato, non ci sono uomini veri e liberi. Senza il senso del dovere, l'uomo non rispetta né se stesso né la sua dignità.

Daniele Chiarioni, Sindaco di Occhiobello (RO)

ETHICA HUMANA

Fiabilité, Responsabilité, Efficacité
J'estime avoir la chance de travailler dans un secteur – celui de l'environnement – qui concerne directement la vie des personnes. C'est un défi continu, une bataille quotidienne pour la sauvegarde des valeurs fondamentales et des idéaux de l'homme.
Fiabilité, Responsabilité, Efficacité sont les piliers sur lesquels reposent mes entreprises, valeurs qui donnent tout son sens à mon travail quotidien. Valeurs qu'il convient de redécouvrir et de développer. Seul un travail honnête, inséré dans le contexte social et une application attentive des techniques acquises sur le terrain, peuvent permettre d'obtenir des résultats positifs. Lorsque l'on parvient à influencer le comportement et les habitudes des personnes, au point de les changer, au bénéfice de l'environnement, on atteint le degré de satisfaction personnelle et professionnelle maximum. Les élèves de la 5ème B du Cours préparatoire de San Pietro Viminirio (dans la province de Padoue), à la suite de ma venue à l'école et d'une visite auprès du centre de récupération et de traitement des déchets que je dirige, dans le cadre d'un programme éducatif traitant des problèmes de l'environnement mis en place par l'école, m'ont envoyé la lettre suivante: »Nous te remercions pour ta patience et pour l'accueil que tu nous a réservé. Nous te remercions de nous avoir appris l'importance de l'environnement, de nous avoir appris qu'il est important de le mettre à l'abri de la pollution. Lorsque nous sommes arrivés dans ton centre, nous avons été reçus comme des hôtes importants. Ce fut un beau moment parce que nous avons rencontré des personnes qui aiment la nature. Nous espérons que tu reviendras pour nous apprendre d'autres choses importantes. Nous espérons que ton projet se développe pour le bien de tous et celui de la terre. Merci de nous avoir accompagné avec tant d'amour«.
Je ne peux cacher la grande joie et la satisfaction suscitées par un tel résultat. Aussi ne puis-je que renouveler et renforcer mon engagement auprès de mes collaborateurs, dans la poursuite d'un travail à même de diffuser ces valeurs.
Carla Poli – Centro Riciclo Srl, Vedelago (Trévise)

La responsabilité
Celui qui a connu, entre autre, l'Amérique du Nord, l'Afrique du Sud, la Nouvelle Zélande et l'Australie sait que les nombreux paradis naturels ne sont pas seulement des merveilles éblouissantes pour l'homme mais aussi une matière de réflexion sur la responsabilité qu'il a de les préserver, les protéger, et non de les détruire en les transformant ou en les exploitant. Il en va de même des paradis naturels moins étendus et plus proches de nous. La Nature a le droit de se transformer par elle même. Ce n'est pas elle qui doit s'adapter à l'homme mais l'homme qui doit s'adapter à elle.
Horst Volkmer, Maire de la Commune de Großmehring

Ethica Humana – Projet Sauvegarde des valeurs
Les Parcs nationaux, en tant qu'institutions publiques à but non lucratif, offrent aux citoyens un service, la sauvegarde et la valorisation des richesses naturelles et anthropiques comme première source de bien être, ils demandent comme unique contrepartie la réduction des exigences non primaires dont la satisfaction illimitée peut avoir comme conséquence une ultérieure dégradation de l'environnement. Les premiers parcs, créés aux Etats-Unis à la fin du XIXe siècle avaient pour but de soustraire à la spéculation des régions aux paysages de grande valeur et de leur assurer la protection qu'elles méritaient. En Italie, aux premières zones protégées, dans un but purement esthétique, autrement dit en-dehors de toute considération quant à leur importance scientifique ou écologique, s'en ajoutèrent de nouvelles, créées cette fois sur la base de l'importance qu'elles pouvaient revêtir quant au maintien d'équilibres naturels dont dépendent également la santé de l'homme. Aujourd'hui, les Parcs n'ont pas pour seule fonction de protéger, mais également de valoriser, les richesses naturelles, les richesses historiques et archéologiques mises à jour, les cultures et activités propres à des régions, montrant par là que l'élément anthropique, dans ses différentes manifestations, est considéré comme partie intégrante de l'environnement que l'on entend protéger. De la capacité de déterminer les besoins du territoire en tant que système complexe de relations dont l'homme est un des éléments, et de la qualité des interventions mises en œuvre par les institutions, lesquelles doivent prendre en compte les intérêts supérieurs du système plutôt que les intérêts marginaux, dépend le degré d'efficacité de la gestion des ressources naturelles. L'objectif premier sera considéré comme étant atteint lorsque les Parcs seront parvenus à diffuser une culture du territoire et de l'environnement qui rendra inutile la création de nouvelles zones protégées.
Giuseppe Tanelli – Ente Parco nazionale Arcipelago Toscano, Portoferraio (Livourne)

La responsabilité personnelle
… se manifeste chez l'homme dans ses actions et ses abstentions selon la connaissance qu'il possède des rapports existants dans la nature et dans la compréhension active qu'il a du plan de la création. Les hommes qui recherchent la connaissance et la perfection, se sentent responsables d'eux-mêmes et de la création tout entière.
Gerhard Klee, Conseiller fiscal, Hambourg

Confiance signifie responsabilité
La confiance en tant que part intégrante de la vie en société est une condition au respect mutuel. On doit gagner la confiance du partenaire par la crédibilité de ses actes. Inspirer confiance, cela veut dire être responsable de ses actes. Confiance et responsabilité ne vont pas l'une sans l'autre et elles représentent les fondements d'une cohabitation familiale et sociale harmonieuse. Sans confiance ni responsabilité dans sa vie, l'homme se détruit et l'humanité va à sa perte.
Manfred Knorpp, Volks- und Raiffeisenbanken Aue

I believe that every right implies a responsibility; every opportunity, an obligation; every possession, a duty.
John D. Rockefeller

Freedom is, so one hears, the overcoming of dependency, release from dependency. But if I make myself fully free of all dependencies than I am at all times responsible for steering my life alone. No one, however, could live like this.

What values can we afford and practise?
For some time now I side with Kant who describes the dignity of man as the highest moral value and who does not place the economic component in the foreground. Most people nowadays are far from sharing this view: who wants to consciously assume responsibility, to become involved in the decision-making process and possibly to experience one's own limits? In private life maybe but not with the firm, with colleagues, with one's own livelihood. Words like "the courage of one's convictions", "creative disobedience", "conflict ability" or "tolerance" have to be re-discovered and then creativity, commitment and loyalty can develop in a corporate culture and if necessary, prove their worth in times of crisis. I wish us the readiness, the ability and the acceptance to recognise other ideas or new ideas and goals and to apply them in a socially compatible fashion so that humanity, honesty, openness and trust can replace the prevailing egocentricity, indifference, ignorance, conspiracy and corruption. Values always remain an individual conviction, a long-term attitude towards the world based on experience. We should turn our minds to the aspect of cooperation.
Dr. Jutta Schega, Institut für Beruf und Ausbildung, Zwickau

Mastering life
Responsibility means assuming duties, growing in one's personality and recognizing what is important. Without really being fully aware of it, everyone takes on responsibility in society for his professional and private life. Mastering one's own life, attending to the needs of the family, dealing with questions relating to the environment, nature, politics, technology and science, is a special challenge which involves responsibility. Through responsibility boundaries can also be set, which must be accepted by people.
Christine Nachtigal, AOK Gera

This is enough for the man who is true to himself: Do not undertake anything beyond your capacity and at the same time do not harbour the wish to do less than you can. One who takes up tasks beyond his powers is proud and attached, on the other hand one who does less than he can is a thief. If we keep a time-table we can save ourselves from this last-mentioned sin indulged in even unconsciously.
Mahatma Gandhi

Responsibility brings obligations
Responsible behaviour is based on the obligation to subject oneself at any time to assessment. Responsible behaviour is therefore the freedom – independent of any outer or inner constraints – to make decisions and to realize them, decisions the consequences of which one can predict or determine in advance.
Rausche, Hd. & Hch. Wagner GmbH, Stuttgart

Working for others
Those who work with and for other people bear responsibility. This can be an onus – it is not without reason that one speaks of the burden of responsibility – but it can also be a motivation and an inspiration. A burden because this responsibility brings obligations and is challenging; a motivation and inspiration because it gives us a chance to actively and creatively exceed expectations and justify the trust that has been placed in us. Each time someone places responsibility in us, we are given the opportunity to learn and to grow. And that is what matters in life and at work: putting this chance to good use.
Klaus Bolzhauser, ELBO, Bietigheim-Bissingen

We resume responsibility
… with the quality guarantee for our products. This is for us a prime necessity, for a lack of responsibility in this respect could have disastrous consequences.
Responsibility is essentially an outcome of upbringing and education. One should begin with this at an early age so that the young person can learn as soon as possible to see himself in relation to other persons and processes and things and to understand and assess the consequences of his actions.
Josef Rommler, KWM Merklingen

The ability to assume responsibility
… implies farsightedness and intuitive powers. I must be able to assess the consequences of my actions and I must be able to develop a feeling for how they could affect others and how they might be received. For this reason one cannot begin early enough with the promotion of these qualities. Seen in a global context, responsibility is one of the most important challenges of our time.
Kaufmann GmbH, Stuttgart

History teaches us how easy it is to forfeit freedom under the pressure of untoward circumstances – or of false ideologies. We should therefore do all in our power to give our constitution a living and worth-while content. We should realize that freedom is not only a precious possession, but also a commitment for which we ourselves are expected to assume part of the responsibility.
Prof. Dr. Kurt Sontheimer

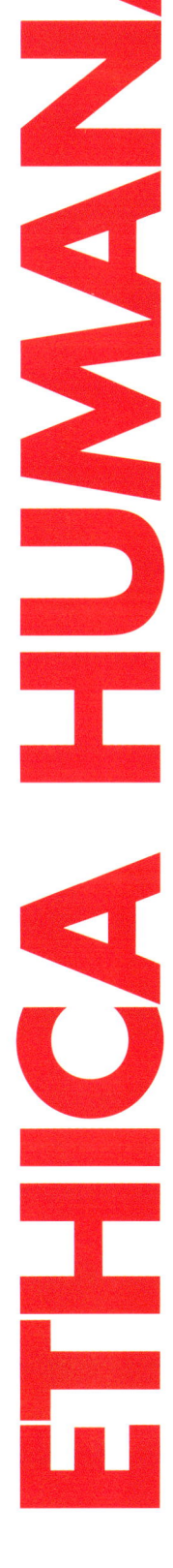

ETHICA HUMANA

4 VENUSTAS
Grazie
Grazic
Grâce
Grace

Troides priamus · Mt. Lewis State Forest, QLD, Australia

Papilio ulysses · QLD, Australia

Delias nigrina · Paluma NP, QLD, Australia

Nachdem der Mensch nicht nur sich selbst, sondern der ganzen Biosphäre gefährlich geworden ist, muß nun neben der Vernunft auch das Gefühl eine bedeutende Rolle spielen, damit Ehrfurcht und Liebe unsere Dominanzwünsche bezwingen können.
Hans Jonas

Poiché l'uomo è divenuto un pericolo non solo per se stesso ma per l'intera biosfera, ora accanto alla ragione anche il sentimento deve avere un ruolo significativo, affinché il profondo rispetto e l'amore possano vincere il nostro desiderio di dominio.
Hans Jonas

A présent que l'homme met en danger non seulement lui-même mais la biosphère entière, il faut qu'à côté de la raison le sentiment joue un rôle important pour que le respect et l'amour viennent à bout de nos volontés de puissance.
Hans Jonas

Now that man has become a danger not just to himself but to the entire biosphere, the emotions must play a key role alongside reason, so that respect and love can get the better of our desire for domination.
Hans Jonas

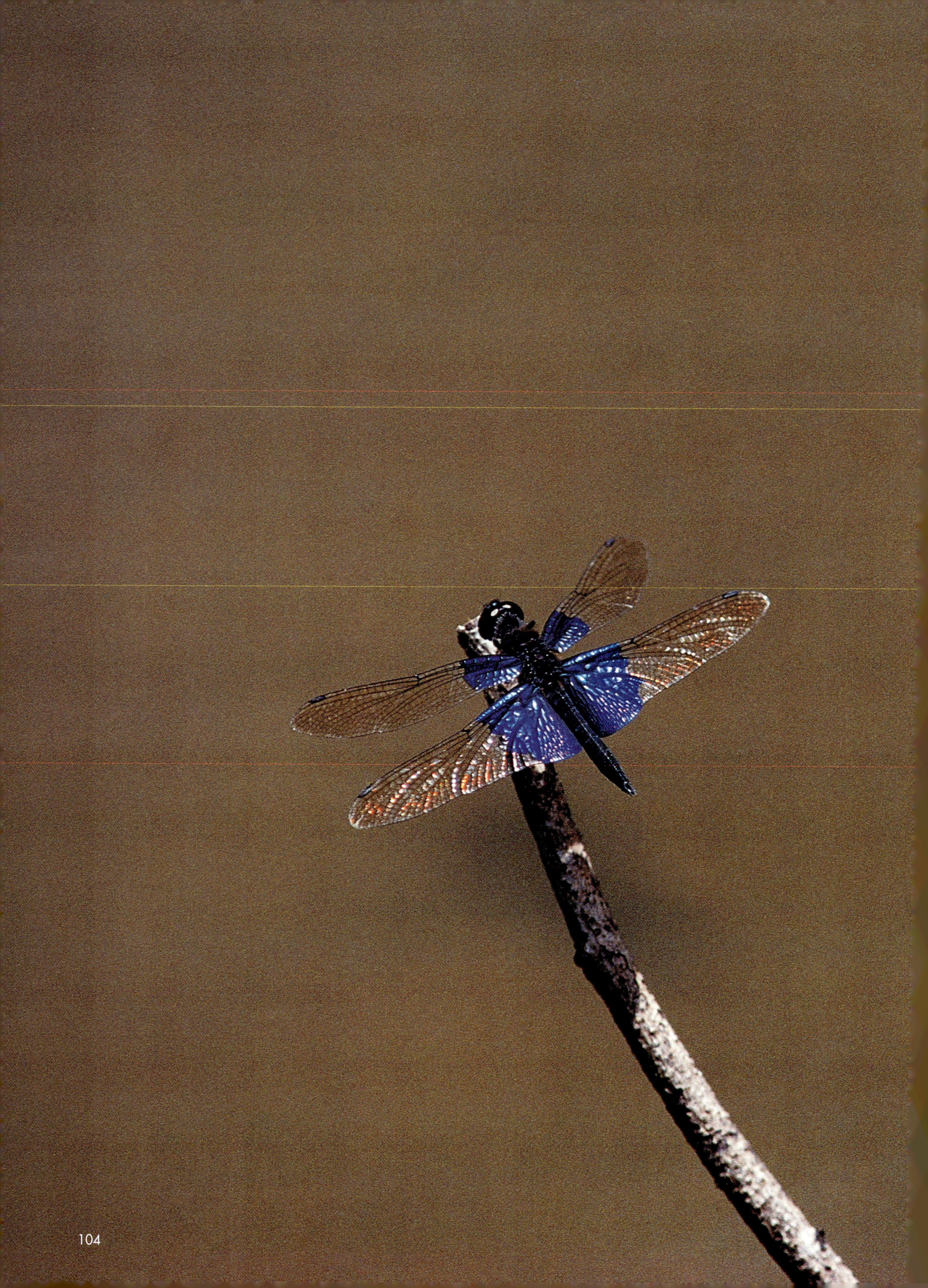

Rhyothemis triangularis; Orthetrum testaceum · Danum Valley, Sabah/Borneo, Malaysia

Urania leilus; Panacea prola · Manu NP, Peru

Gehen die ethischen Grundwerte verloren, ist dies vergleichbar mit dem Raubbau an einem Waldgebiet: Langsam aber sicher verkarstet, stirbt die Landschaft.
Richard Eder

La perdita di valori etici fondamentali è paragonabile al taglio incontrollato di un bosco: lentamente ma inesorabilmente il paesaggio muore.
Richard Eder

La perte de valeurs éthiques est similaire à la déforestation d'une zone boisée: le paysage se désertifie lentement mais sûrement avant de mourir.
Richard Eder

If fundamental ethical values are lost, then this is comparable with the effects of overfelling: slowly but surely the landscape develops to karst and then dies.
Richard Eder

Ithomia spec. • Tambopata Reservat, Peru

Callicore spec. · Iguazu NP, Argentina

Man muß versuchen, den nächsten Tag immer besser zu machen als den vorangehenden, solange wir auf dem Weg sind; sind wir aber an die Grenze gekommen, dann in gleichmäßiger Freude zu sein.
Epikur

Bisogna cercare di rendere ogni giorno migliore del precedente, fintanto si è in cammino; quando tuttavia si giunge alla meta, allora bisogna rimanere mediamente contenti.
Epicuro

Il faut toujours s'efforcer de mieux réussir les lendemains que les jours précèdents, ceci aussi longtemps que nous sommes en route, une fois arrivés une allégresse égale nous attend.
Epicure

We must always try to make the next day better than the one before, as long as we are on the way: and once we have reached the bounds we must try to sustain constant joy.
Epicurus

Iguazu NP, Argentina

Hypolyminas deceptor · Mahale Mts. NP, Tanzania

Manu NP, Peru

Manu NP, Peru

Wenn ich nicht Gutes tue, obwohl ich zum Guten fähig bin, wie will ich es dann tun, wenn ich durch die Leiden in schlechten Existenzen verstört bin?
Santideva

Se non faccio niente di buono, anche se sono in grado di farlo, allora come potrò fare qualcosa di buono quando sarò ridotto ad una brutta esistenza dal dolore?
Santideva

Si je ne fais pas le bien alors que j'en suis capable, comment pourrais-je le faire lorsque je suis désemparé par les souffrances de pitoyables existences?
Santideva

If I do not do good, although I am capable of it, how will I do it when I am deranged by the suffering of poor existence?
Santideva

Tambopata Reservation, Peru

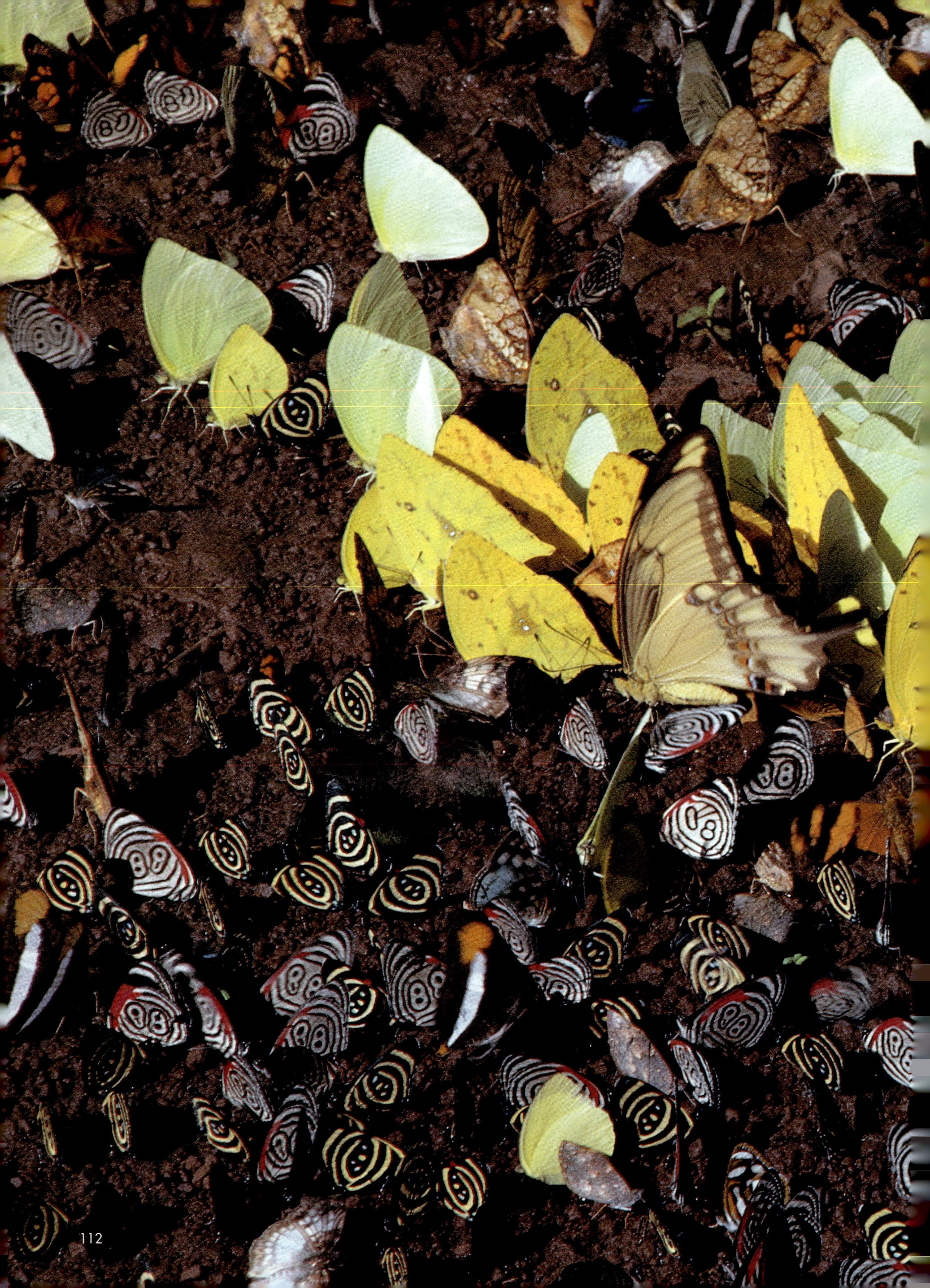

Iguazu NP, Argentinia

Manu NP, Peru

Danum Valley, Sabah/Borneo, Malaysia

Wir sind groß genug, um unsere Fehler einzugestehen, und stark genug, um fremde Ideen und abweichende Meinungen zu dulden.
Robert F. Kennedy

Siamo grandi abbastanza per ammettere i nostri errori, e forti abbastanza per tollerare nuove idee e opinioni contrarie.
Robert F. Kennedy

Nous sommes assez grands pour reconnaître nos erreurs et assez forts pour tolérer des idées étrangères et des opinions divergentes.
Robert F. Kennedy

We are certainly big enough to admit our mistakes and strong enough to tolerate foreign ideas and divergent opinions.
Robert F. Kennedy

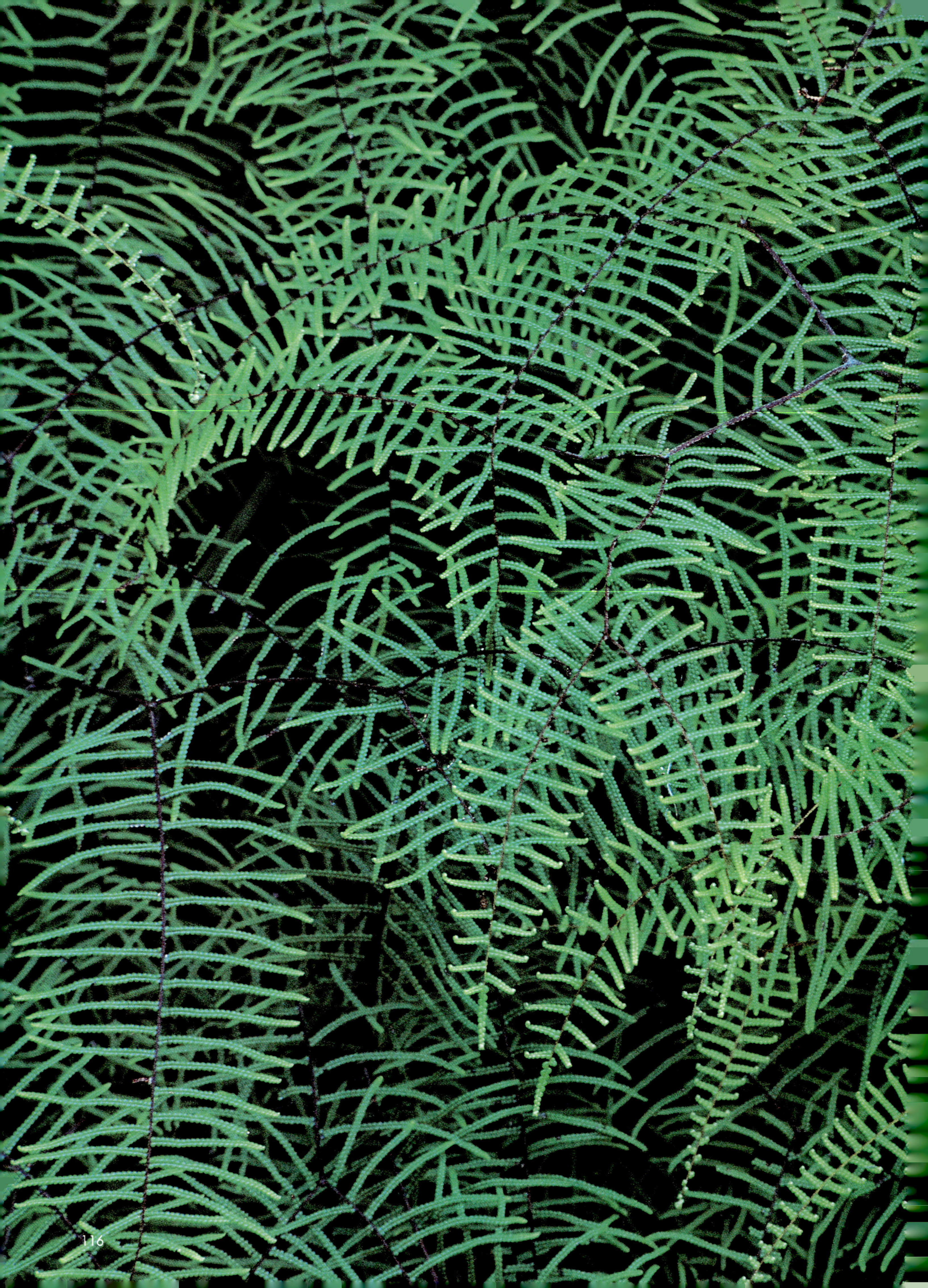

Gleichenia dicarpa · Washpool NP, NSW, Australia

Peperomiaceae · Western Andes, Ecuador

Heliconia-Blatts · Western Andes, Ecuador

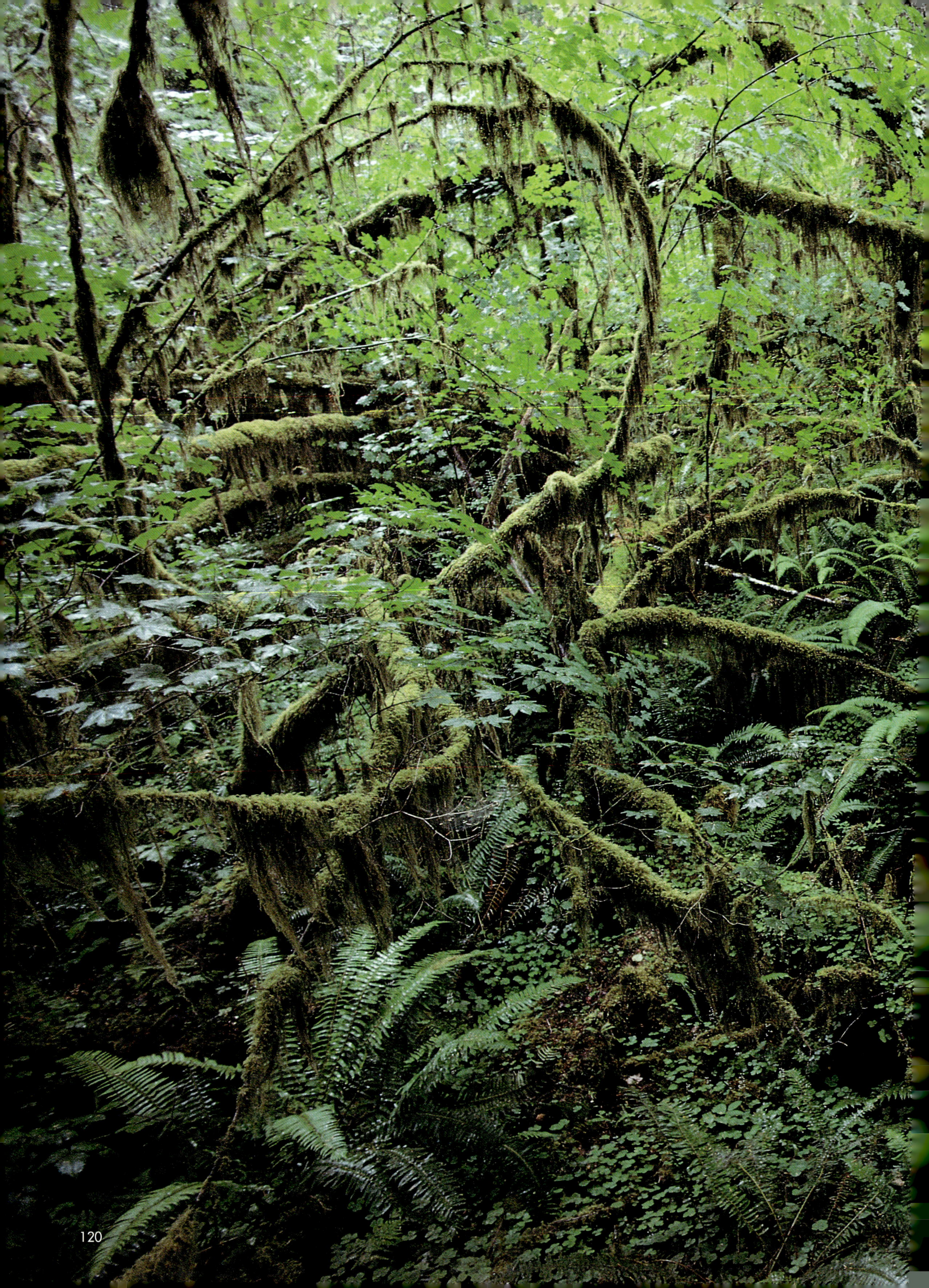

Acer circinatum, Oxalis oregana · Queets, Olympic NP, WA, USA

Cutervo NP, Peru

Der Grundsatz, daß man in vielen Lagen aller Art gewesen sein müsse, ist so fest in mir, daß mir jede, in der ich noch nicht war, schon darum angenehm ist.
Wilhelm von Humboldt

Le principe selon lequel il faut avoir été confronté à toutes sortes de situations est tellement ancré en moi que chaque situation encore inconnue m'est d'emblée agréable.
Wilhelm von Humboldt

Il principio secondo il quale bisogna aver vissuto situazioni di ogni tipo, è in me così radicato che qualunque situazione in cui non mi sono ancora mai trovato, diventa per me addirittura piacevole.
Wilhelm von Humboldt

The principle that it is a good thing to have been in as many different situations as possible is so firmly rooted in me that every situation in which I have not yet been is pleasant to me for this very reason.
Wilhelm von Humboldt

Licuala ramsayi · Tam O'Shanter State Forest, QLD, Australia

Livistonia australis eungella · Eungella NP, QLD, Australia

Nothophagus moorei; Dicksonia antarctica · Barrington Tops NP, NSW, Australia

ETHICA HUMANA

Von der Zivilisation muß, damit sich die Seele entfaltet, damit der Verstand sich der Dinge des Verstandes erfreuen kann, ein Drang zur geistigen Vollkommenheit ausgehen.
Lord Tweedsmuir

Wir sind nicht machtlos. Die Entwicklung ist nicht vorbestimmt. Es ist uns möglich, unsere Lebensbedingungen mit Hilfe der Vernunft und des Willens zu verändern.
Tage Erlander

Das Leben meistern
Verantwortung bedeutet Pflichten zu übernehmen, in seiner Persönlichkeit zu wachsen und zu erkennen, was einem wichtig ist. Jeder übernimmt, ohne es bewußt zu erleben, in der Gesellschaft Verantwortung für sein berufliches und privates Leben. Das Leben für sich selbst zu meistern, für die Familie da zu sein, sich mit der Umwelt wie mit Natur, Politik, Technik und Wissenschaft auseinanderzusetzen, ist eine besondere Herausforderung, die Verantwortung einschließt. Durch Verantwortung können auch Grenzen gesetzt werden, die von Menschen akzeptiert werden müssen.
Christine Nachtigal, AOK Gera

Welche Werte können wir uns leisten und lebbar machen?
Ich halte es seit langer Zeit mit Kant, der die Würde des Menschen als höchsten sittlichen Wert beschreibt, ohne die ökonomische Komponente als Bedingung für moralisches Leben in den Vordergrund zu stellen. Davon sind die meisten Menschen jedoch weit entfernt, wer will heute schon bewußt Verantwortung übernehmen, Entscheidungen gestalten und womöglich seine Grenzen erleben? Vielleicht im Privaten, aber was ist mit der Firma, mit den Kollegen, mit der eigentlichen Existenzgrundlage? Werte wie Zivilcourage, kreativer Ungehorsam, Konfliktfähigkeit oder Toleranz müssen wieder entdeckt werden, dann entwickeln sich Kreativität und Engagement, die auch in Krisenzeiten Bestand haben. Ich wünsche uns die Bereitschaft, Fähigkeit und Akzeptanz, andere oder neue Ideen und Ziele zu erkennen und sozial verträglich umzusetzen, so daß Humanität, Ehrlichkeit, Offenheit und Vertrauen aktuelle Werte wie Egozentrik, Gleichgültigkeit, Ignoranz, Intrigantentum und Korruption ersetzen. Werte bleiben immer eine individuelle Überzeugung, eine auf Erfahrung basierende langfristige Einstellung allem gegenüber, wir sollten uns auf ein Miteinander besinnen.
Dr. Jutta Schega, Institut für Beruf und Ausbildung, Zwickau

Verantwortung fürs Leben
Ein Kind wird geboren – welch freudiges Ereignis für die Familie! Unbewußt, instinktiv, ohne eigene Entscheidungs- und Beeinflussungsmöglichkeiten „vertraut" anfangs der Säugling und auch später noch der Heranwachsende auf die Liebe, Fürsorge und Geborgenheit der Familie! Insbesondere die Eltern übernehmen für dieses noch so leicht formbare – aber auch verformbare – Menschenkind Verantwortung. Nicht nur für die kleineren oder größeren Dummheiten ihrer Schutzbefohlenen haben sie einzustehen – viel mehr für die seelische, psychische Entwicklung und Einstellung der nächsten Generation. Glücklich können sich jene schätzen, die nicht nur sich selbst, sondern dem Gemeinwohl dienen, die Verantwortung fürs Leben übernehmen: Eltern für die Entwicklung ihrer Kinder, Lehrer und Erzieher fürs Wissen und Verhalten ihrer Schüler, Politiker und Wirtschaftsbosse für sozialen und politischen Frieden im Land und nach außen. Conrad Wilhelm Röntgen, Otto Hahn, Graf Stauffenberg, Nelson Mandela und viele andere lebten bzw. leben uns diese Verantwortung vor. Die Welt lebt von Menschen, die mehr tun als ihre Pflicht – auch wenn ihre Namen im großen Weltgetriebe überwiegend unbekannt bleiben werden.
Christian Haidan, Bürgermeister der Gemeinde Adorf/Vogtland

Mut für Neues
In einer Gemeinde Verantwortung zu tragen bedeutet Mut für neue Entwicklungen, Ziele und Visionen sowie Tatkraft und die Entschlossenheit, im demokratischen Prozeß gereifte Vorhaben umzusetzen, aber gleichzeitig auch Augenmaß und Fingerspitzengefühl zur Erhaltung von bisher Geschaffenem. Es ist aber auch eine Gratwanderung mit aufrechtem Gang, gepaart mit dem Vertrauen, die von den verschiedenen Bevölkerungsschichten gewünschten und geforderten Vorstellungen zu werten. Verantwortung kann deshalb sowohl Bürde als auch Herausforderung und Freude sein, sich für die vielfältigsten Interessen der Mitmenschen einzusetzen.
Gerhard Lotter, Bürgermeister der Gemeinde Illerkirchberg

Die breiten Schultern der Verantwortung
Wer Verantwortung tragen möchte, muß auch die Bereitschaft haben, diese mit den daraus entstehenden Konsequenzen und der Tragweite dessen, was daraus entstehen kann, zu übernehmen. Dafür braucht man Geduld und sehr breite Schultern. Diese Voraussetzungen haben die wenigsten Menschen.
Rudolf Blott, Media Markt, Plauen

Blauer Schmetterling
Flügelt ein kleiner blauer
Falter vom Winde geweht,
Ein perlmutterner Schauer,
Glitzert, flimmert, vergeht.
So mit Augenblicksblinken,
So im Vorüberwehn
Sah ich das Glück mir winken,
Glitzern, flimmern, vergehn.
Hermann Hesse

Una piccola, efficiente, affidabile azienda

UVM nasce nel 1963 a Torino per operare nel settore delle tecnologie meccaniche applicate al campo industriale. Dalla tradizione imprenditoriale piemontese trae da subito l'efficienza con la quale ha caratterizzato il suo operato. Il lavoro svolto con affidabile impegno e continua responsabilità ha contribuito a instaurare un dialogo che si basa sulla stima ed il rispetto reciproco con i nostri interlocutori. Il nostro obiettivo è di considerare sempre le esigenze del cliente, congiuntamente a quelle aziendali, e realizzare un rapporto di lavoro e di sincera e costruttiva collaborazione con i nostri partner. Riteniamo che questo possa avvenire attraverso un senso di personale responsabilità, che è il primo requisito che richiediamo ai nostri collaboratori, unitamente alla competenza. I risultati di questi decenni e le referenze che possiamo presentare ci confermano di aver scelto e intrapreso la strada giusta, non la più facile certamente. La pluriennale presenza sul mercato, il successo di nuove iniziative, con il conseguente ampliamento dell'oggetto sociale che oggi va dalle più tradizionali attività nel settore della macchina utensile e della produzione industriale alle simulazioni grafiche e alla realtà virtuale, ci portano oggi a ritenere di essere un gruppo di persone sulle quali poter contare e di far parte di una piccola, efficiente, affidabile azienda che intende tramandare alle nuove generazioni questi valori fondamentali dell'Ethica Humana.
UVM Srl, Torino

L'uomo appartiene alla Terra.

"La terra non appartiene all'uomo, è l'uomo che appartiene alla terra. Tutte le cose sono collegate, come il sangue ci unisce tutti. L'uomo non ha intrecciato il tessuto della vita; ma è soltanto un filo. Qualsiasi cosa faccia al tessuto, la fa a se stesso". Questi pensieri, sebbene attribuiti ad un capo Seattle, portatore di una cultura così lontana dalla nostra, ci aprono gli occhi sulla realtà attuale. Viviamo in un mondo votato alla tecnologia ed alla ricerca di strumenti capaci di farci raggiungere un sempre più alto grado di benessere, eppure non ci accorgiamo del ruolo che dovrebbe avere la natura in questo progetto. Natura che ci chiede di non essere violentemente modificata per evitare che la nostra meta, il benessere, si tramuti nel suo opposto. Non possiamo però demandare ad enti ed istituzioni la totale responsabilità della soluzione del problema. Dobbiamo invece educare noi stessi prima, e poi i nostri figli, a guardare la realtà delle cose con gli occhi del capo Seattle.
Pietro Barbieri – JUNGHEINRICH ITALIANA, Trezzano Sul Naviglio (MI)

Responsabilità è assunzione di un impegno

La responsabilità è la consapevole assunzione dell'impegno di rispondere delle proprie ed altrui idee ed azioni nel tempo e nello spazio. L'assunzione può essere esplicita o, se connaturata con la funzione del soggetto che deve rispondere, implicita. La responsabilità nasce proponendo un'idea o compiendo un'azione. È un comportamento reciproco, che presuppone un rapporto tra almeno due soggetti, ciascuno dei quali risponde di qualcuno o di qualcosa verso l'altro. L'equilibrio di tale reciprocità rende sostenibile l'adempimento dell'impegno assunto. Nel sistema umano, costituito dall'insieme di tutti i soggetti, dei rapporti tra di essi e dei loro comportamenti, così che il comportamento di ognuno incide su rapporti e comportamenti degli altri, ciascun soggetto ha una certa responsabilità verso l'insieme di tutti gli altri. Accade cioè come per la forza di gravità: ciascun corpo esercita verso gli altri e quindi verso l'insieme una certa azione e ne subisce la reazione. Le uniche parti che non possono assumere responsabilità sono quelle impercettibili, essendo esse al di fuori del tempo e dello spazio.
CARISMA S.p.A. – S.Ilario d'Enza (RE)

Responsabilità per l'ambiente

Mi ritengo fortunata e felice di poter lavorare in un settore, l'ambiente, che tocca direttamente la vita delle persone. È una sfida continua, una battaglia quotidiana per la salvaguardia dei valori fondamentali e degli ideali dell'uomo. Affidabilità, Responsabilità, Efficienza costituiscono la base portante delle mie imprese e danno un senso profondo all'operare quotidiano. Sono valori da recuperare, riscoprire, valorizzare e divulgare. Solo un onesto lavoro inserito nel contesto sociale e una attenta applicazione delle tecniche acquisite con l'esperienza sul campo possono produrre risultati positivi. Quando si riesce ad incidere sul comportamento e sulle abitudini della gente, fino a modificarle e cambiarle. ottenendo comportamenti sociali più rispettosi dell'ambiente, si raggiunge il massimo della soddisfazione personale ed imprenditoriale. I ragazzi della classe 5°B della Scuola Elementare di San Pietro Viminario in provincia di Padova, a seguito di un mio intervento a scuola e dopo la visita al mio centro di recupero e trattamento materiali da rifiuti, il tutto inserito nel programma di educazione ambientale avviato dalla Scuola, mi hanno scritto: – "Ti ringraziamo per la pazienza e l'accoglienza che hai avuto con noi" – "Ti ringraziamo che ci hai fatto imparare che l'ambiente è molto importante e non bisogna inquinarlo" – "Quando siamo arrivati al tuo centro ci hai ospitato come ospiti importanti" – "Questo incontro è stato bello perché abbiamo conosciuto delle persone che vogliono bene all'ambiente" – "Speriamo che tu venga ancora qui ad insegnarci altre particolarità molto importanti per tutti" – "Speriamo che questo tuo progetto continui per sempre per il bene nostro e della terra" – "Grazie per averci seguito con grande amore".
Non posso nascondere la grande gioia e la soddisfazione per questi risultati come non posso che rinnovare e, se possibile, aumentare il mio impegno nel portare avanti con i miei collaboratori un lavoro che questi valori può diffondere.
Carla Poli – Centro Riciclo srl, Vedelago (TV)

Bunya Mts. NP, QLD, Australia